Klaus Bonn

Handschaften

Chiromantische Lektüren

LITERATUR

Bonn, Klaus:
Handschaften. Chiromantische Lektüren.

1. Auflage 2012
ISBN: 978-3-86815-565-5
© IGEL Verlag Literatur & Wissenschaft, Hamburg, 2012
Alle Rechte vorbehalten.
www.igelverlag.com

Redaktion: Lena Baumann

Printed in Germany

Igel Verlag Literatur & Wissenschaft ist ein Imprint der Diplomica Verlag GmbH
Hermannstal 119 k, 22119 Hamburg
Printed in Germany

Die Deutsche Bibliothek verzeichnet diesen Titel in der Deutschen Nationalbibliografie.
Bibliografische Daten sind unter http://dnb.d-nb.de verfügbar.

Inhalt

Zum Geleit   5

Teil 1: Hände, fremd, vertraut   9

Die Hand des Vaters   10
Die Hand des Lehrers   12
Die Hände der Großmutter   14
Die Hände der Mutter   15
Die Hand der Frau   16
Betende Hände   18
Die Hände des Onkels   20
Hand zur Faust   21
Die Schlaghand   22
Die Hände des Stoffschimpansen   22
Meine Hände   24
Die Hand der Thai   25
Die Hände des Rezensenten   26
Die Bernsteinhand   28
Adams Hand   29
Die Hände des Streikpostens   30
Andres Serranos Hände, The Morgue, Knifed to Death I and II   31
Der Handkuss   32
Der Handschuh   34
Die Hand auf der Schulter   35
Hände unsichtbar, sichtbar   36
Die Kusshand   37
Handlos   37

Teil 2: Hand-Lesen   39

Aus Arthur Rimbauds Händen der Jeanne-Marie   40
Aus Georg Trakls silberner Hand   46
Aus Emily Dickinsons Wind-Hand   51
Aus Rainer-Maria Rilkes Innerem der Hand   54
Aus Ingeborg Bachmanns und Paul Celans Dramaturgie der Hände   59
Aus Hart Cranes Hand-Episoden   72
Aus John Keats' lebendiger Hand   79
Aus Anne Sextons entfernten Händen   82
Aus Henri Focillons Lobrede auf die Hand   96
Aus Géza Ottliks Abdruck der Schwarzen Hand   103
Aus Guy de Maupassants Getrockneter Hand   107

Aus André Bretons Händen über Wasser 112
Aus Georges Rodenbachs Handlinien 123
Aus Botho Strauß' und Adalbert Stifters Händen und Gesichten 131
Aus Terézia Moras gewaltsamen Händen und denen der Mutter 141
Aus Sherwood Andersons Lehrerhänden 147
Aus Simon Stephens' verlorenen Händen 153

Literaturverzeichnis **163**

Zum Geleit

Hand, Hände, mein Großvater sagte „Hand", „Grand, Hand" beim Skat, und er klopfte mit den Knöcheln seiner Rechten auf die Blinden. Hände, flehentlich ausgebreitete, ringende Hände, Hände eines Kindes, das die Hand der Mutter zu greifen sucht, die ihre Hände entzieht, zu verbergen sucht. Bloß nicht diese ausgestreckten, um Hilfe ersuchenden Hände, nur kein Geklammere jetzt. Ich komme gleich wieder, bin nur kurz weg, und dann ist sie fort, die Mutter, aus dem Blickfeld verschwunden, für immer, und außer Reichweite für diese Tentakel, die mit ihren Saugnäpfen an ihr haften geblieben wären, sie nicht losgelassen hätten, wenn nicht für immer, so doch die längste Zeit, diese Freiheit raubenden Kinderhände.

Mein Großvater und das am Bahnhof von der Mutter alleingelassene Kind aus Julia Francks Roman *Die Mittagsfrau*. Ich habe nicht gelesen aus den Händen meines Großvaters und nicht aus den Mutter- und Kinderhänden bei Julia Franck. Ihr Fehlen aber steht ein für den ersten und den zweiten Teil der vorliegenden Textsammlung. Wer will, kann die *Hände, fremd, vertraut* des ersten Teils als autofiktionale Früchte gleichsam linker Hand lesen, die *Hand-Lesen* des zweiten indes als Ausführungen der rechten Hand. Ich bin Rechtshänder, gewiss, doch gerät, was die rechte Hand tut, nicht recht, wenn sie nicht weiß, was die linke denkt. Mit den Händen zu denken, und zwar mit beiden, zu begreifen: zuletzt drückt die linke Hand das Papier, seinen linken Rand, auf die Tischplatte, während die rechte den Stift führt.

Die vorliegende Textsammlung versteht sich nicht im Sinn eines „traité de la main", wie er Paul Valéry vorschwebte, obgleich er schon wusste, dass es ein schier grenzenloses Unternehmen wäre zu dieser ungeheuren menschlichen Maschine mit Namen

‚Hand'. Die Texte hier, die ich als Handschaften ausgewiesen habe, sind viel weniger und anderes als das, eine lustwandelnde chiromantische Bestandsaufnahme über die Jahre, keine wissenschaftliche Arbeit im üblichen Verständnis. – Das Literaturverzeichnis am Ende führt sämtliche Titel auf, die in direkter oder nur mittelbarer Auseinandersetzung in meine Texte eingeflossen sind. Auf Fußnoten habe ich, dem Duktus meines erzählenden Schreibens gemäß, bewusst verzichtet.

„Daß die Lebensführung in der Hand sich großentheils sehr deutlich abspiegele, wer könnte dies leugnen!"
(Carl Gustav Carus)

„I do not wish to be any more busy with my hands than is necessary. My head is hands and feet. I feel all my best faculties concentrated in it."
(Henry David Thoreau)

„Un caprice infini: des fleurs, des palmes, un fouillis de lignes qui sont aussi mystérieuses que les lignes de la main."
(Georges Rodenbach)

Teil 1
Hände, fremd, vertraut

Die Hand des Vaters

Die Hand des Vaters lag neben dem Teller mit dampfender Suppe auf dem Sonntagstisch. Sie lag da wie ein geducktes Tier, das jederzeit aufzuspringen bereit ist, seine Beute bis zur Lähmung überrascht, um ihr dann den tödlichen Biss beizubringen. Manchmal ballte sich die Hand vor meinen Augen zur Faust. Sehnen spannten sich, und eine Ader schwoll an. Der ganze bloße Unterarm war in einen schwielenden Alarmzustand versetzt. Härchen richteten sich auf. Vom Handgelenk stand die dunkelblau glänzende Scheibe des Zifferblatts einer Armbanduhr ab. Das dunkle Rund mit den leuchtenden Zeigern und Punkten starrte mich an, als könnte es jeden Augenblick seinen Rachen auftun und mich verschlingen. Hemdsärmelig saß der Vater rechts neben mir am Tisch, vor sich den tiefen Teller mit der Suppe, einer rotbraunen Flüssigkeit, in der dicke Maccheroni-Nudeln schwammen, leblos wie Fischkadaver in einer Kloake. Die Mutter links neben mir, dem Vater gegenüber, war schon verstummt, zur Sitzsäule erstarrt. Längst lag das Sonntagsunheil nicht mehr nur in der Luft, es war in die Glieder gefahren. Ich hockte krumm vor meiner Mahlzeit, von der noch immer Dampf aufstieg, und schielte auf die Hand meines Vaters, die, unterdessen zur Faust geballt, noch immer auf dem Tisch lag. Da zuckte es auf einmal in der buckligen Masse, und ich wich unversehens zurück, in Erwartung eines Schlags. Die Tischplatte empfing einen gewaltigen Stoß, das Geschirr scheppterte, und der Vater erhob sich, ging zum Herd, langte nach dem Kringel Fleischwurst im Kochsud und schleuderte den zitternden Schlauch vor sich direkt an die Wand. Die Pelle platzte, Fett und Brühe spritzten, die rosa Eingeweide traten bröckchenweise hervor, blieben teils in der schleimig fettigen Spur am Kalkweiß der Wand haften oder fielen, als ob sie es sich anders überlegt hätten, nach kurzem Aufenthalt an der rauen Oberfläche hinter der Abdeckung der Feuerstelle zu Boden. Der Vater wischte seine Hand an der Hose trocken, nahm einen Zwanzigmarkschein aus der Brieftasche und tauchte erst am Abend, als es schon dunkel war, wieder auf. Ein andermal, ich entsinne mich nicht, ob auch das an einem Sonntag gewesen ist, umklammerte die Hand des Vaters meine porzellanene Tasse, auf der eine Szene mit dem aufgebahrten Schneewittchen und den Zwergen zu sehen war. Die Hand packte zu und drückte, bis das Porzellan unter der Fingerkralle zersprang, Blut über das weiße Gewand Schneewittchens floss, dessen Kopf, abgetrennt vom Rest des Körpers, irgendwo auf oder unter dem Tisch in Scherben lag. Wie das Blut, so rannen mir Tränen über die Wange. Die Mutter lief rasch Verbandszeug zu holen, doch der Vater stieß sie beiseite, legte eine Fährte aus tropfendem Blut über die Fliesen, wie aus einem anderen Märchen, ging zur Geldbörse, nahm einen Schein, wickelte die Hand in einen Hemdszipfel und ward in den Stunden darauf nicht gesehen. Es ist diese Hand, mit ihrem festen, beherzten Druck zur Begrüßung, die ich im Kindesalter als unberechenbar und unverwüstlich erfahren habe. Dieser Hand hat nie auch nur eine Fliege etwas zuleide getan.

Die Hand des Lehrers

Die rechte Hand des Lehrers war im Krieg verlorengegangen. Anstelle der fünf Finger schaute aus dem Ärmel seiner Anzugsjacke eine erdfarbene, metallisch glänzende Prothese hervor, die an einen rindsledernen Fäustling erinnerte. Wir, die Schüler, eine reine Knabenklasse, hätten nicht sagen können, aus welchem Material der Extremitätenersatz des Lehrers tatsächlich bestand. Dass aber der Handschuh steif wirkte und reglos, gab dem Arm des Lehrers, wenn er ihn einmal beugte, etwas Roboterhaftes. Und dies Mechanische schien auf den ganzen Bewegungsapparat des Lehrers übergegriffen zu haben. Keiner von uns hätte es gewagt, in ihm einen Krüppel zu sehen, auch wenn ihm das gar nicht zur Kenntnis gekommen wäre. Im Gegenteil, die versehrte Hand erhöhte ihn für uns zu einem Ehrfurcht gebietenden, unnahbaren Wesen, das um sich herum bei seinem Auftreten eine Atmosphäre von Unheimlichkeit erzeugte. Wenn der Lehrer eine Malaufgabe stellte und dazu meinen Namen aufrief, musste ich aus der Bank treten und stramm stehen, mit geradem Rücken. Der Lehrer hielt sich vielleicht noch zehn Schritte von mir entfernt auf und setzte langsam, fast zeitlupenhaft, einen Fuß vor den anderen, in meine Richtung. Ich stand wie angewurzelt, wortlos, mit weichen Knien. Alle Lebensgeister schienen vom Kopf durch den Körper über die Zehen in den Bretterboden zu entweichen. Die Sicht verschwamm mir in der Tränenflüssigkeit, die sich in meinen Augen schon angesammelt hatte. Mit jedem Schritt, den der Lehrer nach vorne tat, knarrten die Bohlen des Holzbodens. Etwas zuckte in mir zusammen, und mein Herz pochte umso schneller, je näher die Maschine des Lehrers rückte. Dann stand er in Reichweite vor mir. Seine gesunde, linke Hand fuhr hoch zu meinem Gesicht. Der Handrücken strich zuerst über die rechte Wange, die Fingerkuppen streiften sanft den Mundwinkel, glitten vorbei auf die linke Seite, wo die Ballen der hohlen Hand über die rechte Backe fuhren. Man hätte glauben können, dass es sich um einen Akt der Zärtlichkeit handelte, wie die Finger der Hand des Lehrers so langsam und sanft zuerst die eine, dann die andere Hälfte meines Gesichts berührten. Unvermittelt aber hob sich die Hand von einer Wangenfläche ab und schlug mit Wucht auf dieselbe Stelle nieder, dass der Kopf sich in einem Ruck zur Seite neigte und schief noch eine Weile auf dem Rumpf saß, als habe er jetzt endlich seine ihm angemessene Position gefunden, als habe der Schlag des Lehrers endlich den Kopf zurechtzusetzen vermocht. Man hatte nie im Voraus wissen können, auf welche Backe die Hand schließlich klatschen würde; das war die Unbekannte seines regellosen Spiels, das ausschließlich dem Antrieb seiner launigen Lust willfahrte. Wenn der Lehrer ausholte, brachte er durch den Energieaufwand den eigenen Körper für kurze Zeit ins Schwanken, und man durfte annehmen, dass er all seine Kraft in diesen Schlag auf die Backen seiner Opfer setzte. Die Wirkung war stets von langer Dauer. Noch Stunden später, nach Schulschluss, konnte man den rosaroten Abdruck der fünf Finger auf der Wange sehen, einem Stigma gleich für den ganzen Tag. Der brennende Schmerz ließ gewöhnlich am Nachmittag nach, und ich erinnere mich an einen Spruch der Mutter, die in ihrem kurzen trostlosen Leben oft versohlt worden war: Schläge vergehen, und das Arschloch bleibt bestehen!

Die Hände der Großmutter

Oft, wenn die Großmutter des Winters dampfenden Spinat und Wirsinggemüse in den Trichter des Fleischwolfs drückte, sah ich, wie sich über dem quatschenden Geräusch das rotbucklige Endglied ihrer Finger von der tiefgrün glitschigen Masse in einem Kontrast abhob. Vom Nagelbett aus spannte sich die Haut kegelförmig bis zum mittleren Glied. Seltsam klobig, unbeweglich, steif wirkten diese kurzen Enden, wie nach unten abgeknickt. Diese Hände, die so umtriebig gewesen waren ihr ganzes Leben lang, lagen nach getaner Arbeit, wenn das Gemüse zum Einfrieren bereit in Tiefkühlbeutel verpackt war, in Großmutters Schoß, wie abgestorben in ihrer Angeschwollenheit, oder so, als wollten sie sich mit aller Kraft abkoppeln vom Restkörper und versammelten nun jegliche Energie zu einem hitzigen Zentrum da in der Extremität. Als gingen die Hände schwanger, wollten gebären und konnten nicht. Manchmal lag eine Hand unbeholfen, nach oben gewölbt, nach dem Essen am Abend auf dem Küchentisch, während die andere sich daran mit dem kleinen scharfen Messer, dessen Klinge vom Schleifstein ganz dünn geworden war, zu schaffen machte. Mit der Metallspitze fuhr die Großmutter unter die Nagelkuppen und begann zu schaben. Die dunklen Talgspuren der Garten- und Küchenarbeit, die darauf an dem Eisen hafteten, wetzte sie rasch an der Schürze ab, schnitt dann eine Krume Brot oder schälte eine Knoblauchzehe. Das schabende Geräusch jener Säuberungsaktion, wie das Knistern einer über Pergamentpapier huschenden großen Küchenschabe. Und die Mischung der Gerüche aus kampferhaltiger Salbe und Knoblauch, welche diese Hände ausströmten, gehört dem Bestand der unwillkürlichen Erinnerung an, die mit der liebevollen Unnahbarkeit der Großmutter verknüpft ist.

Die Hände der Mutter

Was schaut ihr so auf meine Hände, rief die Mutter, als sei die Scham ihr schon in die Fingerspitzen gekrochen und habe wie nebenbei ihr Gesicht zum Erglühen gebracht. So sehen Arbeiterhände aus, Wurstfinger, schmucklos, schwarzfleckig von den Stempelkissen und den metallenen Drucktypen, die sie zur vollen Stunde jeweils hatte auswechseln müssen, damit die Uhrzeit, die man auf den Kuverts lesen konnte, stimmte. Öfter am Tag musste sie schwarze Flüssigkeit im flachen Bassin nachfüllen, damit das Schwämmchen nicht austrocknete. Auch wenn sie nach der Arbeit die Hände mit der Wurzelbürste abschrubbte, blieben Flecken bestehen, Furchen, wo sich das Schwarz eingefressen hatte, zu einem Makel, unauslöschlich. Die Creme, die sie dann auftrug und einrieb, half ein wenig, die strapazierte, rissige Haut zu glätten, konnte aber nicht verhindern, aller Welt kenntlich zu machen, dass sie eine Drecksarbeit verrichtete. Es gab Tage, da waren die Hände der Mutter aufgedunsen, die Finger noch wurstiger als sonst, die Hautfalten über den Knöcheln aufgeworfen wie kleine Zelte, unter denen das Unheil sich einzurichten begonnen hatte. Später, als sie ihre Hände bei jeder Gelegenheit vor sich und anderen zu verstecken suchte, war auch schon ihr Gesicht gebläht. Wie ein empfindlicher Ballon auf dem wulstigen Hals. Da hatte die Krankheit sie bereits vollends in Besitz genommen, das Gesicht verfärbte sich molkengelb, mit blutleeren Lippen, und von den Händen hätte niemand sagen können, ob sie überhaupt noch existierten. Sie wurden nicht länger gebraucht.

Die Hand der Frau

Beim Händchenhalten schwang ich ihre Gliedmaßen sanft auf und nieder, im Rhythmus eines schaukelnden Kindes, freudig und unbeschwert. Wie eine warme, weiche Masse, kaum regte sie sich von sich aus, war ihre Hand meinem Griff und der Pendelbewegung anvertraut. Wenn die beiden verklammerten Hände, des Schlenkerns müde, nur so als Verlängerung der Arme an den Körpern herabhingen, ohne eigenmächtige Regung, zuckte es manchmal unter meinem Handdach, als müsste die Hand der Frau endlich Atem schöpfen, sich aus der Festung befreien, verschwitzt wie sie war. Nie konnte ich ausmachen, ob es ein Anzeichen von Aufbäumung oder bloß ein Reflex, oder ein sich ankündigender Krampf gewesen war. Oft habe ich den Handrücken, wenn er ruhig dalag auf einer Sessel- oder Stuhllehne, oder einfach auf dem Hosenbein ruhte, mit meinen Fingern berührt und bin vom Ansatz bis zu den Kuppen darübergefahren. Feingliedrig ist diese Hand nicht gewesen, die Segmente insgesamt zu kurz geraten bei einer in die Breite mehr als in die Länge gewachsenen Fläche. Wenn ich hinschaute, während meine Finger, in eine kleine bewegliche Beinschere verwandelt, weiter auf dem Rücken über die Knöchel spazierten, zog sie die Hand zurück, aus Scham womöglich. Sie sei hässlich, nicht schön, noch dazu mit einem Makel behaftet. Das untere und mittlere Glied ihres Ringfingers durchfurchten zwei nebeneinander verlaufende Narbenlinien, so als seien da Hautpartien miteinander verlötet worden. Als gerade schulfähiges Kind war sie aufs Eis gegangen, Schlittschuh laufen. Unsicher auf den Beinen, war sie ausgeglitten und hatte versucht, im Reflex, den Fall mit den flachen Händen abzufangen. Da war schon ein anderer Läufer mit seiner Kufe über ihre Fingerspitzen gedreht und hatte ihre Sehnen durchtrennt. Eine Krümmung des Fingers war von da an nicht mehr möglich gewesen. Und doch hat die Frau später eine kunsthandwerkliche Ausbildung absolviert, bei der es auf Fingerspitzengefühl und Geschicklichkeit der Hände besonders ankam. Mehr als einmal hat sich infolge kleiner Schnitt- und Brandwunden Metallstaub unters Nagelbett oder die -wurzel gesetzt und für eine Entzündung gesorgt. Und einmal war der Zeigefinger so angeschwollen, hatte sich verfärbt, versteift, war reglos geworden. Beim Schnitt mit dem Skalpell war viel zäher, kräftig gelber Eiter mit tintenrotem Blut aus der Ritze getreten und in eine Ablage getropft. Abermals später hat die Frau das kunsthandwerkliche Tun aus wirtschaftlichen Gründen aufgegeben und fortan in einem Naturkostladen Kisten mit Salat und Rüben geschleppt, Kartoffelsäcke entleert. Filigranes Fingertüfteln hat sie gegen schwere Handarbeit eingetauscht. Bald hatten ihre Hände, trotz der vielen Pflegelotionen am Abend und tagsüber, jede Geschmeidigkeit verloren, die Fingerkuppen aufgerauht und verledert, aufgeriebene Blasen an den Scheiden, mit kleinen schwarzumrandeten Schnittmustern versehen, verursacht von Messerklingen, scharfen Kanten, die irgendwo abstanden, Nägeln an Verkaufsständen, oder ein Holzsplitter war in die Haut gedrungen, ohne dass sie es bemerkt hätte im Zuge handfertiger Geschäftigkeit. An den Rändern der Nägel war das Schwarz der Erde haften geblieben wie ein Siegel. Nach den Händen, die sie mit der Zeit immer öfter vor mir verbarg, ist dann allmählich die Frau ganz aus meinem Blickfeld verschwunden. Worte waren gefallen, abrupt, plump, ohne Fluss, an Wände geworfen, troffen sie zu Boden. Aus den Augen, sind mir im Sinn vor allem ihre Hände geblieben.

Betende Hände

Vielleicht einen halben Meter über dem kleinen lasierten Nachtschränkchen, mit Goldknauf an der Klapptüre und einer Glasplatte obenauf, hing an der Schlafzimmertapete ein Gipsabdruck der *Betenden Hände* von Albrecht Dürer, festgeleimt auf einer zugeschnittenen Tafel aus Nussbaumholz. Wenn man die elterliche Schlafkammer betrat, war das Gebilde auf der rechten Seite an der Wand zu sehen, in der Hälfte, wo die Mutter schlief oder, was öfter vorkam, wachlag. Der Vater hatte ihr die Hände zur Hochzeit geschenkt, und jetzt hingen sie da, versehen noch mit einem silbergerahmten, urkundenartigen Papier hinter Glas, wo der Gemeindepfarrer handschriftlich in zusehends verblassenden Tintenstrichen den Segensspruch *Der Herr ist mein Hirte* aufgetragen hatte. Die Schlafstätte der Eltern war ein schummeriger Bezirk, als könne es da nie so recht Tag werden, mit vorgezogenen Stores. Selbst bei elektrischem Licht, das spärlich von der fünfarmigen Deckenleuchte floss, blieben die Winkel im Zwielicht. Nicht selten überkam mich beim Betreten des Raums ein beklemmendes Gefühl. Niemals aber wich ich zurück, als gäbe es und gelte es im Halbdunkel ein Geheimnis zu lüften. Dürers Hände, von denen ich als Kind freilich nicht wusste, dass sie einem Apostel gehört haben sollen, dass sie eine Pinselzeichnung waren auf tiefblauem Papier und keine Plastik, Dürers Hände, da war ich mir sicher, bargen einen Teil des Rätsels in sich. Da auf dem Holzbrettchen befestigt kamen sie mir zuweilen vor wie eine sonderbare Zutat für die Zubereitung eines nie gegessenen Mahls, nur noch geschnitten mussten sie werden, diese langen, gestreckten Finger, in Scheibchen. Mit einem Mal hätte sich das Geheimnis in Küchendunst aufgelöst. Dann wieder erschienen sie mir als Reliquie, abgetrennt vom restlichen Körper, zuvorderst den Armen, nur noch der Faltenwurf umgekrempelter Hemdsärmel mit einem Stoff darüber sichtbar, abgeschnitten auch der, abgehackt gar, vielleicht waren das die Hände eines Toten, die Finger, schon arg runzelig und von Venen überzogen, die Finger aus der Starre gestreckt und die Handteller aufeinander gelegt, fertig fürs Grab. Also wurde da gar nicht gebetet, wir falteten die Hände zum Gutenachtgebet, wir schmiegten sie nicht flach aneinander, das wäre eine Dehnübung gewesen, die sich nicht ziemte, eine Fügung auch, die mir später nicht unterlaufen ist, selbst beim Applaudieren nicht im Theater oder im Konzert. Immer waren die Hände leicht nach unten geknickt, einer natürlichen Bewegung gleich, nie gespreizt, Finger und Teller bildeten eine Kuhle, als ob man eine Flüssigkeit hätte auffangen wollen. Nein, diese Hände an der Schlafzimmerwand strahlten keinen Frohsinn aus und keine Zuversicht, sie strahlten überhaupt nicht. Die feste, grau geformte Masse auf dem Holz fühlte sich stets kalt an, von Anfang an schon musste jeder Lebensfunke da herausgesprungen sein. Viel später erst, da die Eltern schon nicht mehr zusammenlebten und die *Betenden Hände* wer weiß wohin geraten waren, fielen sie mir wieder ein beim Lesen der Geschichte von der abgehauenen Hand oder dem Horrorfilm, wo eine einzelne, abgetrennte Hand durchs Gras fort kriecht, auf einen Menschen zu, und dem dann an die Gurgel hüpft und zudrückt.

Die Hände des Onkels

Wie konnten die Finger des Onkels nur so gelb sein, eine Farbe, die leicht ins Ockerne hinüber spielte! Die Haut um die Nägel, da wo die Farbe schon von Brauntönen unterlaufen war, musste ganz verhornt sein, und auch die stark nach oben gekrümmten, lang hervorstehenden Nagelflächen hatten dieses Gelbbraun in sich aufgesogen, wie einen Einschuss von Bernstein. Wenn der Onkel nach den Mahlzeiten ruhig am Küchentisch verweilte und seine Lippen anfeuchtete, war das ein Zeichen dafür, dass er bald den knisternden Tabaksbeutel aufbrach und dem Schächtelchen mit den zugeschnittenen Papieren eines entnahm, es zwischen beiden Zeigefingern und Daumen zwirbelnd fügbar machte für das Kraut, das er geduldig hinein bahrte. Dann führte er den Stängel mit beiden Händen zum Mund und die Klebefläche an der zwischen den Lippen hervorlugenden Zungenspitze entlang, drückte die Papierenden aneinander und zupfte die heraus sprießenden Tabaksfasern ab. Er riss ein Streichholz an, während die Gedrehte schon an einem Mundwinkel herunterhing, und bald stieg der Rauch auf. Der Onkel ist ein gefügiger Mensch gewesen, der tiefes Mitleid empfunden hat für die Benachteiligten und die Schwachen. Über seiner profitorientierten zweiten Frau, die ihn erklärtermaßen nur wegen seines kleinen Vermögens geheiratet hatte, war es ihm unmöglich gewesen, die früh verstorbene, geliebte Gattin zu vergessen. Es ist, als habe er seit ihrem Siechtum mit dem Rauchen angefangen, als habe sein Gedenken endlich eine unauslöschliche Farbspur an seinen Händen hinterlassen, mit denen er sie zeit ihres Lebens liebkost und bis zum Tode gepflegt hat. Jetzt, da diese Hände keine Wange, keine Schulter und keine Hände mehr zum Streicheln hatten, übertrugen sie ihr zärtliches Handeln auf das Ritual der Selbstgedrehten.

Hand zur Faust

Soldaten in Kampfuniform, die an einem aufgespannten Fallschirm baumelten oder am Boden mit dem Piloten zusammen vor ihrer Maschine standen, bereit zum Lufteinsatz, zierten die Zimmertapete meiner Kindertage da, wo das Bett stand. Nicht, dass ich viel übrig gehabt hätte für tapfere Männer, die im Ernstfall gewiss ihr Leben aufs Spiel setzten. Es war einer Entscheidung des Vaters zu verdanken, dass ich nach dem Aufwachen die vielen Fallschirme gleich großgewachsenen Pilzen vor meinen Augen an der Wand herunter schweben sah und die regungslos vor den Flugzeugen ausharrenden Männer, zu denen Kontakt aufzunehmen mir unmöglich erschien. Ihr Anblick löste Beklemmung aus, ich wollte nichts mit denen zu schaffen haben, die mich, das war unbestreitbar, des Nachts im Schlaf observierten. Dass ich vorm Einschlafen mich rechts zur Wand hin drehte, mit nach oben ausgestrecktem Arm, an dessen Ende die Hand zur Faust geballt war, ist mir heute erklärlich als Abwehr- und Schutzhaltung wider die kriegerische Draperie. So lag ich in Bereitschaft zur Verteidigung, die rechte Wange auf den Unterarm gebettet, als würde ich anlegen, Maß nehmen, auf ein unbekanntes Ziel hin. So lag ich da, vom Schlaf gelähmt, ausgeliefert dem Feind, jederzeit leichte Beute.

Die Schlaghand

Die Mutter schlug uns selten, und nie mit der flachen Hand. Sie fuchtelte mit einem hölzernen Kleiderbügel herum, vollführte Streiche durch die Luft wie mit einem Säbel, als übe sie für ein unergründliches Ritual, an dem teilzuhaben ihr selbst nicht ganz geheuer schien. Um sich an den Körpern der Kinder schadlos zu halten, gereichte ihr das gebogene Holzstück zum Prügelstab, als müsste sie sich so nicht direkt an ihnen vergehen, als verteile der Bügel die Schläge nach seinem Gutdünken und nicht gemäß dem Dirigat ihrer Hand. Der Holzbogen traf uns gleich einem selbstgerecht sich aufspielenden Knüppel aus dem Sack.

Die Hände des Stoffschimpansen

Wie die Indianer ihr Totemtier, so hatte ich als Knabe einen Schlenkerschimpansen, der im Bett neben mir wachte und den ich tags überall hin mitnahm. Sein ausgeblichenes Fell war über die Jahre der Kindheit zottelig und schütter geworden. An Händen und Füßen war zunehmend die Filzhaut aufgerieben und stellte den mit Stroh gestopften Leib um das Drahtgerüst an mancher Stelle bloß. Besonders seine Hände waren angegriffen, weil ich ihn dort packte wie eine unwirsche Mutter ihr kleines Kind, das sie hinter sich her zieht. Nur hatte mein Affe keinen Bodenkontakt, er hing an meiner linken Hand herab, einer Waffe nicht unähnlich, mit der ich notfalls um mich schlagen konnte. Die steifen Hände des Plüschtiers waren beigefarbene Fäustlinge, Endglieder von bogenförmig ausladenden Armen, an denen meist der abstehende Daumen zerschlissen war. Der spitze Eisendrahtknochen schaute dann an der Nahtstelle hervor, und mir wurde nicht leichter ums Herz, bis dass die Mutter, während ich wachte und der Operation zusah, mit Nadel, Schere und reißfestem Faden die klaffende Wunde wieder zuflickte. Die knotig dicken Narben aus Zwirn prägten meinen Schimpansen als unverwechselbar, gaben ihm eine individuelle Note, bekräftigten den Bund zwischen uns beiden. Wie ich selbst, hatte er etwas erlebt und erdulden müssen, war verletzt worden. Nachts fiel er oft aus dem Bett, und wenn ich aufstand, trat ich ihm auf Bauch und Hände, dass es knisterte. An die Hand genommen, wurde er an Gegenstände geschleudert und durch die Luft gewirbelt, um an einer Tür oder an der Wand kraftlos zu Boden zu sinken. An ihm wiederholte und übertrieb ich manches, was mir selbst widerfahren war. Alles freilich geschah in beiderseitigem Einvernehmen. Der Schimpanse war mein Freund, mein Schutzheiliger und mein Lakai. Einmal aber hatte die Schwester ohne mein Wissen und mit Einwilligung der Mutter das Tier zum Einkaufen ausführen dürfen. Ich war darüber untröstlich und wollte es, da sein Fell fremden Geruch angenommen und seine Hände, so ohne mein Beisein, feindliche Energie in sich aufgesogen hatten, nicht mehr in meine Obhut nehmen. Fortan lag es irgendwo in einer Ecke, blich noch mehr aus und staubte zu. Wenig später wurde der Affe ausrangiert und verschrottet, wie überhaupt nur die Kindheit. Zerlumpt sei er, hieß es, und wurde an das Kind einer Nachbarin weitergegeben. Das zerrte gleich an seinen schwachen Gliedern, die barsten. Das Tier hielt es nicht lange und fand sich binnen einer Woche auf dem Schuttplatz wieder.

Meine Hände

Wenn es warm ist und meine Hände flach auf der Tischplatte liegen oder einfach an mir herunter hängen, dann treten die Adern hervor. Mit dünner Haut überzogene Bahnen, Verzweigungen ohne Mündungsarme. Da schimmert es blaugrün durch und quillt wie in prallen Schläuchen über Sehnen, Knöchel und Muskelstränge. Eine fahrige Bewegung, ein Wisch mit dem Küchenmesser genügte. Zuerst würde ich die Ritze gar nicht ausmachen können, das Blut würde nicht gleich hervortreten. Dann aber presse ich mit Daumen und Zeigefinger der anderen Hand die durchtrennten Hautschichten zusammen, dass es schmerzt. Das Blut kommt langsam, krabbelt dann wie laues Kitzeln über den Handrücken, läuft, tropft, färbt fließendes Wasser rosa, will nicht aufhören, bis die Wunde abgedichtet wird mit Mull oder mit einem Pflaster. Oft reiße ich mit meinen Schneidezähnen die Nagelwurzeln tief ins Fleisch ein, lutsche das Blut vom Nagel ab, sauge es aus dem Riss. Die meisten Blessuren erleiden meine Finger. Wenn es kalt ist draußen und ich ohne Handschuhe unterwegs war, schwillt mir Tage später das eine oder andere Endglied der Finger an. Die Haut verfärbt sich rot-orange und spannt sich, als wachse etwas darunter. Dem Arzt ist das unerklärlich. Eine rheumatische Erkrankung sei auszuschließen. Nicht selten hält die Schwellung den ganzen Winter über an, bis sich die glatte, gespannte Haut abschuppt und gelblich verhornt. Sonst kann ich mit meinen Händen zufrieden sein. Es sind geschmeidige, feingliedrige Hände, biegsam auch. Pianistenhände seien das, hat einmal ein Freund, selbst Musiker, vor langer Zeit behauptet. Meine Hände aber schlagen keine Tasten an, zupfen keine Saiten, führen keinen Bogen und auch keinen Taktstock. Die rechte Hand umfasst den Schreibstift, führt ihn auf und ab, ohne

Schwung, übers Papier, während der Handballen der Linken mit ihrem ausgestreckten kleinen Finger den linken unteren Blattrand auf die Tischplatte drückt. Seit einigen Jahren, wenn ich meine beiden Hände betrachte und sie miteinander vergleiche, stelle ich fest, dass auf dem Rücken der Rechten Pigmentflecke gewachsen sind, wie vergrößerte Sommersprossen, eingegerbt in die Haut. Drei oder vier sind es, manchmal fünf, ihre Größe und Farbnuancen verändern sich. Zeitweilig scheint einer der Flecke gar wieder zu verschwinden, um bald erneut sichtbar zu werden wie ein Keim. Nur die Schreibhand ist betroffen, und ich frage mich, ob es Körperteile gibt, die, stärker beansprucht, früher altern als andere.

Die Hand der Thai

Guten Tag. Die junge Frau blickte verstört auf die Hand, die vom Oberkörper des Mannes da ausgefahren war, ihrem Leib entgegengestreckt, auf Brusthöhe. Ihr Herz mochte in Aufruhr gewesen sein, wild pochend bis zum Hals. Da war diese Hand noch immer, eine Stange reglos in der Horizontalen, mit leicht gespreizten Fingern, wie der Greifarm einer Maschine. Guten Tag. Die Hand war dann doch aus ihrem Schwebezustand wieder zurück geknickt, um sogleich, einem Automatismus folgend, erneut zum Anfassen nah vor ihrer Brust zu verharren. Das kleine Herz war schon wieder in seiner Kammer, stockte, versäumte kurz, die Blutbahnen mit warmem Strömen zu speisen. Wer weiß, vielleicht stand es einen Moment lang still. Das Gesicht wie aus Wachs, der Mund halboffen, karpfengleich. Und beide Hände, sie hingen schlaff an den Seiten, noch ging kein Zucken durch die Muskelstränge. Dann aber hob sich langsam, wie in

Zeitlupe, der rechte Arm, an dem eine leblose Hand baumelte, bereit, kampflos und ohne Krampf übergeben zu werden. Eine leichte Hebung noch und Streckung, bis sich der Handballen der Frau in die Handhöhle des Mannes fügte. Wie ein kleiner toter Fisch, aus dessen Leib die Wärme des Todeskampfs schon gewichen war, füllte die kalte Frauenhand die Mulde der Männerhand aus, deren Finger sie jetzt für einen Augenblick umfassten. Dann entglitt sie ihm, ohne sich zu winden, klappte widerstandslos, am Unterarm hängend, zu ihrem Körper zurück. Einen Wimpernschlag später kam es ihr leise, fast unhörbar über die Lippen. Gu-den-daag, und dabei schaute sie dem Mann unverhohlen ins Gesicht.

Die Hände des Rezensenten

Die linke Hand des Rezensenten hockt neben den Papieren auf der Schreibtischplatte, gleich einem fünfarmigen Wesen im Startblock, in Erwartung des Schusssignals. Die Rechte umfasst das Schreibgerät, mal so, als handele es sich dabei um einen Keil, mit dem man dem schon angeschlagenen großen Beutetier einen ruckartigen Stoß versetzt, es endlich ins Straucheln bringt, um es hernach genüsslich zuzurichten. Dann wieder so, als liege eine verkürzte Lanze oder ein zurechtgestutzter Speer in der Hautsenke zwischen Daumen und Zeigefinger, die Spitze der Waffe ans äußerste Glied des Mittelfingers geschmiegt. Das Hantieren mit den beschriebenen Blättern, ein jäher Strich hier waagrecht über eine ganze Zeile, dort Randbemerkungen mit Ausrufezeichen. Immer wieder fahren die Nägel der Linken den Nacken hinauf durchs schüttere Haar und schaben an der Kopfhaut, bis sich eine Schuppe löst, zwischen Horn und Nagelbett gepresst, um sogleich mit Hilfe des Daumennagels aus der Klemme irgendwohin abseits auf den Boden geschnippt zu werden. Manchmal auch kratzen die Finger im Terzett, ohne fettige Teilchen zwischen Haarwurzeln abzugraben. Mit dem kleinsten Glied der Rechten fährt sich der Rezensent zuweilen in eines der ausgebuchteten Nasenlöcher, um möglichst tief vorzudringen und an diesem Höhlenort in grober Geschäftigkeit, als sei das ein Bergwerksstollen, Schleimverbände oder auch bröselig Vertrocknetes und Krustenplättchen von der Scheidewand abzulösen. Unversehens kleben Reste flachgedrückter Rotzmaterie, die sich nicht hat zu Kügelchen formen lassen und nicht darauf hat weggeschossen werden können, an den Kuppen. Auch Blutfarbe, in phylogenetischer Bruderschaft zum Tintensekret, da eine Kruste abgehoben wurde von einer Wunde, die dabei war zu verheilen. Wenn ein Taschentuch nicht in der Nähe auf dem Tisch bereitliegt oder in der Hosen- oder Westentasche steckt, kommt es nicht selten vor, dass Spuren der Nasenarbeit des Rezensenten auf dem Manuskriptblatt zu sehen sind, rote, gelbliche Flecken, verschmiert und verwischt, oftmals um die deutlich erkennbaren Abdrucksrillen eines Fingers herum, als habe jemand dem Papier unweigerlich sein körpereigenes Siegel mitgeben wollen.

Die Bernsteinhand

In Bernstein eingeschlossen, das junge spinngliedrige Tier, als wäre es gestern gewesen, wie hinter gelbgold schimmernder Scheibe. Das Harz hat die flächige Form einer nach oben ausgestreckten Hand, Vorderansicht des Tellers mit links anliegendem Daumen, durchbrochen das Ganze von einem elliptischen Ausschnitt da unter dem Ballen. Der bewegte Menschenfinger wagt es nicht, sich hinter die lichte Masse zu tasten, fürchtend, dass das Tier doch lebte, nicht drinnen, zerdrückt dann zu schmieriger Schicht, den Glanz zu trüben. So ruht der Blick auf dem reglos lebhaften Bild noch eine Weile, der Finger hält ein, und der Tag nimmt seinen Lauf. Früh sirren Insekten im sommerlich flirrenden Luftraum. Die ausgreifend mächtige Buche hält stumm ihre Wacht vor dem Tennis-Court. Vögel zirpen, und die Quellwolken ziehen sich in eine Ebene auseinander. Die Fliegen beschweren die Zeit nach Mittag; lästig sind sie mit ihrem Gebrumm wie nur Fliegen lästig sein können. Am Abend legen sich die Händel der Menschen, der gleißende Mond zieht auf in der Nacht; er versteckt sich alsbald hinter aufgetürmtem Wolkengebräu. Daraus kracht es auf einmal, die Stimme der Götter, nur einmal scheucht sie die Menschen aus ihrem Schlaf. Am Morgen die bernsteinfarbene Hand, ihre Wurzel gesteckt auf eines der rahmenden Stützhölzer des Spiegels, Elle und Speiche in einem, wie am Vortag. Das Spinntier jedoch ist verschwunden, als wäre es gar nicht gewesen. Der Schimmer des Harzes nur lichtgelb gefärbtes Glas.

Adams Hand

Ein Hof aus mattgelbem Licht säumt den ausgestreckten Arm, unverhüllt, der Handrücken in hängender Beuge mit abstehendem Daumen und einem frei vortretenden Zeigefinger, der einfach da ist, ohne gezielt in eine Richtung zu weisen. Es ist da vorn an dem Endglied, wo der Schmerz sitzt, eine Brandwunde, die sich der Junge beim Verflüssigen eines Metallstücks zugezogen hat. Wie leblos steht der Finger ab in dem Lichtkranz, als sei ihm kein Odem eingehaucht worden, als bitte er jetzt um Berührung, das Antippen durch eine andere Kuppe, die einem gehört von unvergleichlich höherer Macht und grenzenlosem Vermögen. Die Hand aber des Allmächtigen bleibt aus, und der Jüngling, gesichtslos, ohne Körper, ganz Hand und Finger, erstarrt für einen Moment in dem Bild. Gleich wird eine helfende frauliche Hand zu ihm eilen und eine Salbe auftragen oder ein Gel. Der Arm des Jungen wird nach unten sinken und den Finger an der Hand zur Kühlung etwas durch die Luft pendeln lassen. Der Lichthof wird erlöschen in Silhouetten anderer Körper, die sich durchs Feld schieben, von links und von rechts. Stimmen werden sich erheben und sich verwirren im Stimmengewirr. Der Jüngling selbst wird aufgehn im Gemenge, der Schmerz vergehn, die Hand zwischen anderen Leibern, stumm und ungesehn.

Die Hände des Streikpostens

Sein Gesicht ist verwittert, eine zerklüftete Landschaft, gegerbt mit den Jahren von schwerer Arbeit, Kummer und Gram. Jetzt sitzt er da im Bus auf dem Polster, übernächtigt und träge lastend der ganze Körper. Mit ein paar Kumpels ist er im Ausstand gewesen, dem Ruf der Gewerkschaft folgend nach der Urabstimmung. Im Streikbezirk ist er auf und ab gegangen mit den anderen, hat sich wachgehalten mit Kaffee vor dem bunten Zelt, drum herum die Transparente mit großen Buchstaben aufgesteckt. Diskutiert und gestikuliert hat er, geredet von gerechter Lohnerhöhung und denen da oben, die keine Ahnung hätten. Und bei den hohen Managergehältern hat er nur noch abgewunken. Mehr und mehr haben seine Hände, ihr Gefuchtel, die Rolle eines regellosen Sprechens übernommen, und aus dem Mund hüpften bloß noch ‚ja', ‚nein' oder ein ‚komm, geh fort'. Mitunter haben die Streikenden wie ein versprengtes Häufchen einer probenden Akrobatengruppe am Straßenrand gewirkt. Auf der Heimfahrt im Bus dann flogen vereinzelt gebrochene Worte vom einen zum anderen. Bald nur noch ein müdes Kopfnicken, wegwerfende Gesten, ein Insichversacktsein. Jetzt, da die Kumpels verstummt sind, regt auch er sich kaum mehr. Sein Hemd spannt sich über der ab- und anschwellenden Bauchkugel, der Atem geht schwer, ein Schnaufen ist vernehmlich. Die signalfarbene Streikweste hat er nicht abgelegt, und die Stöcke, die das Tuch mit der Aufschrift hielten, sind zwischen die Beine geklemmt. Seine Hände umklammern eine zur Hälfte geleerte Flasche Bier, als seien sie, endlich zur Ruhe gekommen, gefaltet zum Gebet. Es sind tief gezeichnete Arbeiterhände, aufgeraut, zerschunden, grobgliedrig verledert mit behaarten Fingern. Die Nägel sind brüchig mit schwarzen Linien darunter. So am Flaschenbauch haftend sehen die Hände aus wie die schuppengepanzerte Haut eines schlafenden Reptils.

Andres Serranos Hände, The Morgue, Knifed to Death I and II

Niemals vielleicht haben diese Arme so ausgestreckt dagelegen, entspannt auf einer Sessellehne etwa, niemals so bloß die Kuhle der hohlen Hand. Die Finger gebeugt, ohne Mühe, als verlangten sie nichts außer dem Puls, dem Kreislauf eines beseelten Lebens. Nur der Ringfinger links scheint verwachsen mit dem Kleinen und formt eine Schere mit dem Glied in der Mitte, als gelte es, Papier zu schneiden. Am Hakenbein ist die Haut wie verknorpelt, als habe es da vor Zeiten einen tiefen Schnitt gegeben, als sei gar der Finger da einmal abgetrennt und wieder angesetzt worden. Je eine Längsnarbe, spiegelgleich und vermutlich von einer Klinge herrührend, markiert die unteren Segmente von Ring- und Mittelfinger. Und der Ringfinger rechts steht vertikal ab im Knick, als könne er nicht anders, ohne Anstrengung. Eine Ritze, quer, wie eine kleine Einkerbung, noch frisch, am Index der rechten Hand. Eine Abschürfung am kleinen Finger ganz unten. Und dann die schwarz glänzende Kruste, ein Brandfleck aus geronnenem Blut, auf der Strecke vom kleinen Finger hin zur Handwurzel, nicht mehr weit bis zum beginnenden Unterarm. Schon etwas von den Handwurzeln entfernt, an beiden Unterarmen, ist je ein rot umrandeter Einschnitt – oder sind es Stiche? – sichtbar. Die Fingerspitzen sind angeschwärzt, für schuldig erklärt und für nichtig. Als seien diese Hände zu Mängelexemplaren herabgesetzt mit schwarzer Tusche. Und dieses glänzende Dunkel frischer Farbe hat schon Kontakt aufgenommen zum monochromen Schwarz, vor dem die lichten Flächen der Hände sich abheben. So photographisch abgetrennt vom Körper und als zwei Aus- und Abschnitte zueinander gesetzt, sieht es aus, als wollten die schwarz befleckten Fingerspitzen sich in der Dunkelkammer berühren, um einen im Leben verwehrten Zauber endlich einzulösen.

Der Handkuss

Der Handkuss, sagt er, ist bedauerlicherweise völlig aus der Mode gekommen. Es wird als unhygienisch empfunden, einer Frau den Handrücken zu küssen, den Oberkörper aus der Hüfte heraus leicht vorzubeugen, die Lippen zu spitzen und, ohne sie vorher mit der Zunge anzufeuchten, denn das wäre verächtlich, mit dem Lippenrund sanft die dargebotene Handfläche zu berühren. Eine Frau müsste erst mal den Mut aufbringen und ihre Hand dem Gegenüber feilbieten. Doch dazu mangelt es ihr an Keckheit. Sie denkt, wenn sie überhaupt je daran denken sollte, nein, diese Blöße werde ich mir nicht geben, es wäre geradezu lächerlich, einem Mann zum Kuss die Hand hinzuhalten, damit er sie abschlecke. So etwas gibt es nur noch im Theater und in Kostümfilmen. Indem sie einfach so dasteht, bemerkt er, und die Hände schlaff von ihrer Schulter herabhängen wie Schläuche oder sie mit der einen Hand an ihrem Haar herum nestelt, das sie in einem Ruck zurückgeworfen hat, und mit der anderen Hand die Umhängetasche fester an ihre Hüfte presst, indem sie also so oder so dasteht, beraubt sie den Mann jener unmissverständlichen Geste der Ehrerbietung, und er muss später, nachdem er ihr auch nicht aus dem Mantel helfen durfte, seine ganze Wortgewandtheit aufbieten, um sich irgend bei ihr interessant zu machen. Er muss sich hüten davor, Komplimente gar zu dick aufzutragen, um sich nicht unweigerlich ins Abseits zu katapultieren. Wenn ihre Hände dann auf der Tischplatte des Restaurants zur Ruhe gekommen sind, nach der Bestellung, erlaubt er sich allenfalls, ihren rubinroten Nagellack schön zu finden. Darauf hebt sie die Hände an, lässt sie pfötchenartig vom Gelenk nach unten klappen, spreizt die Finger, damit er die Farbe besser betrachten könne. Nun könnte er, welche Versuchung, nach einer der dem Blick dargebotenen Hände greifen, doch tue er es nicht, bekräftigt er. Verwegen wäre es, unstatthaft, sie würde sofort die beschlagnahmte Hand zurückziehen und ihm böse, jedenfalls keine wohlwollenden Blicke zuwerfen, wenn sie schon nichts sagte oder, schlimmstenfalls, empört aufstünde, ihn sitzen ließe, da allein am Tisch. Nein, nur im Tagtraum nähert er sich der ausgestreckten Frauenhand an wie ein Hund, um sie zu beschnüffeln. Es ist nur ein ganz kurzer Moment, in dem der Mann die Frau über ihre Hand kennenlernt. Im Duft der Lotion oder des Parfums, der in die Nase kriecht. In dem Moment, da er die Wärme spürt, die ihr Handrücken ausströmt, da seine Augen das feine Zusammenspiel von Sehnen, Knöchelchen, Äderchen und darüber gespannter Haut erhaschen, gibt der Körperteil etwas von dem gesamten Wesen seiner Trägerin preis, und sein Gefühl täusche ihn nicht in dem Glauben, er habe gerade den Mund der Frau geküsst.

Der Handschuh

Der Handschuh, so sagt er ein andermal, soll im Winter vor Kälte schützen, bei manchen Damen zeigt er aber auch an, dass sie sich nicht die Hände schmutzig machen. Der Handschuh ist aus edlen Stoffen gefertigt und ein ernstzunehmendes Kleidungsstück, mehr als ein Schutzgegenstand. Wenn sie ihren Handschuh einmal abstreifen, kommt das einer Enthüllung gleich, ja das Handkleid ist zuweilen wie ein offen zutage tretendes, eng anliegendes Dessous, das die zarten Glieder der Frauenhand aus ihrer Hülle befreit. Zwei behandschuhte Hände im Winter, eine der Frau und eine des Mannes, welche alsbald schlangengleich sich häuten, um fingergabelnd ineinanderzufahren, gelten geradezu als obszön. Dem Mann ist durch diesen kleinen Akt der Entblößung und das anschließende Verschränken der aufgewärmten Gliedmaßen das höchste Vorglück der Vereinigung mit dem Weibe beschieden, bekräftigt er und dreht nachsinnend den Kopf etwas zur Seite. Dann, hebt er von neuem an, als habe er sich besonnen, dann gibt es aber auch solche, die dermaßen schäbige Handschuhe tragen, daß es eine Erleichterung ist, wenn sie sie ablegen und den Blick auf ihre knöchrigen, trocken schuppigen, zu kurz und stumpf geratenen Hände freigeben. Ein Handschuh dieser Art, wo etwa das Kaninchenfell, mit dem er besetzt ist, schon reichlich abgewetzte Stellen aufweist und dessen billiges Futter vorne am Daumen oder Zeigefinger so ausgedünnt ist, dass bald die Kuppe die Membrane durchstößt und herauslugt, ein solch erbärmlicher Handschuh lässt auch auf eine notdürftige Hand schließen, die er zu verbergen sucht, dessen sei er sich sicher, sagt er und zuckt, als müsse er sich gleich schütteln, mit der Schulter.

Die Hand auf der Schulter

Nichts schlimmer, gibt er zu verstehen, als die männliche Hand eines Anderen auf der Schulter. Nicht, dass sie dort ruhte, nein, sie lastet wie ein Bleigewicht, das einen nach unten drückt. Die Hand dessen, der einen Wohltäter und Beschützer mimt, ist nur die auf der Schulter zum Stillstand gekommene Geste der Unterdrückung. Nein, diese Hand richtet nicht auf, obwohl ihr Eigner durch die Berührung Nähe signalisiert, aber es ist die Nähe der Distanz, die er damit ausdrückt, die Verständnis und Aufrichtigkeit heuchelnde Nähe zu dem Graben, der uns voneinander trennt. Mir scheint auch, fährt er fort, als wolle der Andere die Furien in mir im Zaume halten, indem er mir die Hand auflegt. Wer würde wider eine solche Bastion von funktionaler Freundlichkeit noch aufbegehren können? Dazu lässt er Worte des Bedauerns hören, und immerfort klebt seine Pranke da auf der Schulter, als wolle er gleich anfangen damit, mein Schlüsselbein zu liebkosen. Eine Art Massage des guten Willens. Seine Hand, die, zwischenzeitlich angehoben, sich erneut auf der Schulter niederlässt, als beginne jetzt die Phase des Schulterklopfens, diese Hand liegt da wie auf einem Gegenstand, den man auf seine Versandfertigkeit hin überprüft, um dann ein Paket zu schnüren und ihn auf Nimmer-Wiedersehen in die Wüste zu schicken. Auch Hände, fügt er hinzu, haben eine Mimik, und diese Mimik der Hand auf der Schulter sagt: Was ich mit und ohne meiner Hände Arbeit geschafft habe, das schaffst du nie. Und jetzt geh mir aus den Augen, Bittsteller wie dich gibt's wie Sand am Meer. Ich will nichts für dich tun. Dann zieht er seine Hand zurück, und ich bleibe, zusammengesackt, einen Moment lang wie verschweißt mit dem Boden stehen. Schließlich wenden wir uns voneinander ab, er seiner gewinnbringenden Arbeit zu und ich der Leere der Verzagtheit, sagt er zum Abschluss. Und verlegen, hastig, wischt er mit dem Handrücken der Linken über seine schweißbedeckte Stirn.

Hände unsichtbar, sichtbar

Ob seinerzeit Odysseus, an den Mast gebunden, dem Gesang der Sirenen offenen Auges gelauscht habe, das sei nicht überliefert, sagt er. Was ihn anbelange, so schließe er die Augen, wenn er im Musiksaal sitze, noch dazu in einer der vordersten Reihen. Stets halte er die Augen geschlossen, solange das Spiel fortdauere. Er betrachte nicht die Tastenläufe des Pianisten, um hernach mit Bewunderung ausrufen zu können, über welch brilliante Technik der Mann verfüge. Und auch die behände Bogenführung des Cellisten verwehre er seinem prüfenden Blick. Was die Hände den Instrumenten an Klängen entlockten, ihr kunstvolles Handwerk, sei nur im Dunkeln vernehmbar. Warum er dann überhaupt in einen Konzertsaal gehe und nicht zu Hause sich mit einer Schallkonserve begnüge, bei gelöschtem Licht, fragte einer. Die Hand als Musik erzeugendes Werkzeug erziele erst dann ihre volle Wirkmacht beim Zuhörer, erwiderte er, wenn sie nicht beäugt werde bei ihrem Tun. Der Blick auf die bewegten Hände der Musiker, ja ihre ganze entrückte Gestalt, diese Beschau, mache ein Hören, ein Im-Klang-Sein geradezu unmöglich. Wenn aber die Musik verklungen sei und die Musiker sich vor dem applaudierenden Publikum verneigten, so der Mann weiter, dann schlage ich die Augen auf und sehe, dass sie, wundersamerweise, wirklich da sind, mit oder neben den Instrumenten auf der Bühne stehend. Die Hände nur Glieder eines Körpers, mal auf den musizierenden Begleiter weisend, mal an der Hüfte herabhängend. Und später, im häuslichen Zimmer, wenn er Musik von der Scheibe höre, knipse er das Licht aus und denke nicht daran, dass die Hände, die diese Töne einst hervorgebracht haben, nicht sichtbar seien jetzt, auch offenen Auges nicht im Hellen, aber imaginieren könne er sie beim Hören aus ihrem Sichtbar-Gewesen-Sein umso besser.

Die Kusshand

Die Kusshand fliegt zu den glitzernden Sternen hinauf. Die Kusshand verkörpert eine so mächtige Sehnsucht, bekennt sie, dass sie hier unten auf Erden mit bloßen Händen nicht zu greifen ist. Der Glanz des Sterns, den ich in Augenschein nehme, der mich anstrahlt, wird sich ihrer annehmen, das weiß ich.

Handlos

Zehn Drohnen stürzen aus dunkel drohendem Wolkengebräu auf ihre Fingerkuppen nieder. Da zerplatzen sie, glänzend schwarzrotes Himmelsblut, das zurückbleibt auf den Nägeln. Die Masse ist weich triefend, so dass sie hier und da über die Wölbung des Horns hinausquillt. Ein Taschentuch griffbereit in der Nähe. An manchen Stellen schimmert die rosa-weiße Farbe des Nagelbetts durch, wie unter karg bestrichenem Glas, doch aus der Ferne tut das keine Wirkung. Bei Tageslicht, wenn die Hände so aus den Ärmeln ihrer erikafarbenen Weste oder einem schwarzen Pullover durch die Luft fahren, sieht es aus, als würden in den Flecken an den Fingerspitzen die Insekten weiterleben, als seien sie es, die durch den Raum schwirrten und nicht die bepunkteten Ausläufer ihrer Hand. Ungebunden, tun diese Hände das Ihre, entbundene feine weiße Haut mit rot-schwarzen Knospen. Und wenn die Hände langsam nach etwas langen, einem Blatt Papier, einer Tasche, Mütze, oder wenn sie ganz ruhen, schlagen die Enden, die glänzend gefärbten, auf einmal Augen auf. Der Betrachter weiß nicht, was sie da sehen, aber er fühlt, sie sehen ihn an, und blind sind sie nicht. Das dauert nur einen Moment lang, dann schließen sich ihre Lider, und die Hände verfallen ihrer Regung wieder mit den gaukelnden Punkten. Gewiss, sie sprechen dann nicht, diese Hände, und doch hört der Betrachter sie sagen, schau, wir haben alle Hände voll zu tun.

Teil 2

Hand-Lesen

Aus Arthur Rimbauds Händen der Jeanne-Marie

Die Hände dort, so kommt es mir zuerst vor, sind so wenig auszumachen wie der Name gilt, an den sie gebunden sind. Aus welchem Stoff ist mir Jeanne-Marie gefertigt, von der manch einer glaubt, es habe sie wirklich gegeben? Sie habe tatsächlich gelebt und sei nach den Ereignissen der Pariser Kommune im September 1871 zum Tode verurteilt worden. Andere meinen, im Namen spiegele sich das Symbol der Republik wider, ‚Marianne'. Womöglich paart sich noch im Doppel jener Heldenmut der Jungfrau von Orléans mit dem Leidensdruck der heiligen Jungfrau Maria. Am Ende werden die Glieder angerufen, zweimal, „ô Mains sacrées", geheiligte Hände, und Engelshände, „Mains d'ange". Da hat die Majuskel ‚M' dem Wort schon eine Eigenständigkeit zugebilligt, eine Losgelöstheit, die Jeanne-Marie nicht mehr braucht, den Namen nicht und nicht das Vorstellungsbild einer bestimmten Person.

Abgetrennte Hände, ihre halluzinogene Potenz. Und schon gleich am Anfang des Gedichts ist nicht sicher, ob die genannten Hände nicht einer anderen zugehören, die so ähnlich heißt, Juana, der Spanierin aus der Erzählung eines anderen Dichters. Verkehre ich den französischen Namen und setze einen spanischen Akzent, so erhalte ich ‚Marie-Juana', den Namen eines Krauts, dessen Rauch aufgeht in verbaler Halluzination. Und Verkehrungen gibt es viele in dem Gedicht, die der Hände vorab. Zuerst sind sie als stark ausgewiesen, „mains fortes", und der Name Jeanne-Marie, der in der ersten Zeile genannt ist, fortan nicht wieder, der Name haftet für die Hände, die ihm angehören: Jeanne-Marie hat kräftige Hände. Dunkel sind diese Hände zudem, von Sommersonne gegerbt, und blass sind sie wie Totenhände. Diese Hände sind nicht einerlei, der Zwiespalt aus Kraft und Tod, aus Blässe und Dunkel (‚pâle'/‚hâle') verschränkt sie im Gleichklang des Reimpaars von „fortes"/„mortes". Die Frage, ob das die Hände Juanas sein könnten, gibt sich nicht als Zweifel an Jeanne-Marie, stellt aber doch in Aussicht, dass der Name im Dienst einer Alchemie des Worts steht, eines Deliriums.

Fragend entfaltet das Gedicht im Folgenden visionäre Szenen, in denen die Hände als agierende erlesen sind. Ob Heiterkeit und Wollust diese Hände angerührt haben, ob sie Zigarren gedreht oder mit Diamanten gehandelt, zu Füßen von Madonnen goldene Blumen zum Trocknen ausgelegt haben, bleibt unentschieden. Bevor erneut Fragen anheben, ob es etwa Hände seien, die nach Zweiflüglern jagen und Gift dekantieren, geben mir zwei Zeilen zu verstehen: „C'est le sang noir des belladones / Qui dans leur paume éclate et dort." Schwarzes Blut der Tollkirschen, das in den Handtellern aufspringt und schlummert zugleich.

Bella donna, der Name setzt Reize aus, Verlockung. Die schwarz glänzenden, kugeligen Beeren des Staudengewächses, überkirschgroß, verführen den, der sie sieht und nichts weiß über sie, zum Handgriff. Rauschhafte Zustände überkommen anfangs den, der sie kostet. Dann folgen Erbrechen und Kreislaufzusammenbruch. Schwarze Madonnen. Geringe Dosen der Giftkirsche sollen im Mittelalter ihre Wirkung als Schönheitsmittel getan haben. Die Augen glänzten wie Beeren, die Pupillen weiteten sich. Bei Wahnvorstellungen infolge höherer Dosierung muss eine Hexe ihre Hand im Spiel gehabt haben. Wenn nun dies schwarze Beerenblut in Händen ruht und gelegentlich aufspritzt, dann haftet den Händen eine halluzinogene Potenz an. Die Vermutung, dass solcherlei Hände nur als Hände von Hexen gelten können.

Doch die Vorstellung von giftträchtigen Händen ist selbst traumgetränkt, ist Halluzination. Ein Traum, „quel Rêve", auch hier die Majuskel, die anzeigt, dass es nicht irgendein Traum ist. Ein Traum hat diese Hände erfasst und sie an Orte des Vorderen Orients versetzt. Zuckungen sind durch diese Hände gefahren, Zuckungen, die herrühren vom Traum. Aber wessen Hände sind es, die hier zittern? Ist das schwarze Blut der Belladonnen zu sehr in Wallung geraten und hat die Hände mit einem Zittern überzogen? Oder sind es die Hände dessen, der da schreibt, mit unruhiger, zittriger, bebender Hand, ungesehn, die Rede über Hände, das Wort ‚Hände', vom Traum erfasst und fortgetragen? –

Den Ansatz einer scheinbaren Ernüchterung inszeniert das Gedicht in einem Gedankenstrich, dem eine Reihe von Negationen sich anschließen. Das, was diese Hände nicht sind, wessen sie nicht sind und was sie nicht tun. Die Negationen aber beantworten die Frage nach dem Traum nicht, sie depotenzieren sein Wirkungsgeflecht nicht. Auch das schwarze Blut der Giftpflanze, das in den Händen wohnt, leugnen sie nicht. Die Negationen, denke ich mir, verschieben nur den Blick auf eine andere Sphäre, auf arme Bäuerinnen und weibliche Angehörige des städtischen Proletariats, Arbeiterinnen und Prostituierte. Deren Hände sind es nicht.

Und dann folgen Aussagesätze, die den Bogen zurück an den Anfang des Gedichts spannen, Affirmationen, die den Eindruck erwecken, endlich werde man erfahren, wie es nun wirklich um diese Hände bestellt ist, die von Jeanne-Marie, auch wenn der Name längst sich verflüchtigt hat, eingedampft im Traum, verwandelt in schwarzes Blut, das Hände durchströmt. Durchströmt, ja, denn inzwischen, so stelle ich es mir vor, ist der Saft von der gespannten Oberfläche des Handtellers schon eingesickert in die Haut, eingedrungen in den Lauf der Blutbahn.

Wo die Affirmation Raum gewinnt, treibt der Zwiespalt seine Blüten. Hyperbolisch werden diese Hände auf einmal mit Kräften ausgestattet, welche die Leistungen des vom Menschen als lebendiges Werkzeug eingesetzten Pferdes übersteigen. Im Vergleich stehen sie mit der Betriebsamkeit der Schmelzöfen, und ihre Schicksalsmächtigkeit ist höher einzustufen als die der Maschinen. Dabei tun sie niemals etwas Böses, obgleich sie als „ployeuses d'échines", als Rückgratbeugerinnen ausgewiesen sind. Es scheint, als seien diese Hände jetzt, kraft einer anderen Halluzination, in eine Operationskette des Automatistischen entlassen, eine Sphäre, wo das poetische Bild der entfesselten, vom Menschen ausgelagerten Hand mit einer Maschinenwelt zusammenfällt, die sich der Hände bereits entledigt hat.

Die Hypertrophie ihrer Geschäftigkeit stigmatisiert diese Hände als Schicksalsorgane. Ihre Fatalität, „plus fatales que des machines", besteht wohl darin, dass sie imstande sind, Wirbelsäulen zu krümmen. Gilt ein intaktes Rückgrat als Voraussetzung für den aufrechten Gang des Menschen und dieser als ein grundlegendes Merkmal, das zur Freisetzung der Hand bei der Fortbewegung, einem kurzen Gesicht und der Entwicklung des Gehirns geführt hatte, dann ist durch Hände, die das Rückgrat krümmen, der neuropsychische Evolutionsprozess abgebrochen. Wenn die Hand bei der Herstellung von Werkzeugen und im Zusammenhang damit die Gesichtsorgane bei der Herausbildung der Sprache beteiligt sind, dann bezeichnen die Hände gleich der Abtrennung des Worts vom Gegenstand eine beschleunigende Verselbständigung der technischen Entwicklungsgänge, mit denen die naturgeschichtliche Evolution nicht Schritt zu halten vermag. Da sind diese Hände schon keine Hände mehr. Ihre Schaffenskraft ist eingegangen in industrielle Motorik, gegen deren Machenschaften sie doch aufzubegehren trachten.

Da nimmt es nicht wunder, dass darauf das Wort „mains" von dem unpersönlichen Pronomen „ça" absorbiert worden ist. Und ‚es', diese unheilvolle Kraft, „ça", macht sich an noble

Frauenhälse heran, um sie zu würgen, vernichtet die dazu passenden Hände, die, rot oder weiß hergerichtet, keine Natürlichkeit aufweisen. Dass die so umtriebigen, gewaltbereiten Hände nie imstande sind, Böses zu tun, als „ces mains amoureuses" beschworen werden, zeugt einzig von der Liebe einer Überzeugung, davon, dass sie einer Idee verschrieben sind, der Idee der Revolte.

Der Aufständische wird diesen Händen huldigen: „Le dos de ces Mains est la place / Qu'en baisa tout Révolté fier." Der Handrücken also empfängt diesen Kuss. Der Handrücken, auf dem der Glanz der Sonne spielt, einer Sonne der Liebe, deren Strahlen diese Hände aufblitzen lassen, als seien sie durchscheinend geworden, versprengte irdische Trabanten der Sonne selbst, die Fingerglieder mit einem Rubin versehen. Ein Kuss also auf den glanzvollen Handrücken, darunter das schwarze Blut der Belladonnen quillt.

Nun haftet diesen Händen noch ein Fleck des Pöbels an, doch die Große Sonne hat auch für ein Verblassen gesorgt, eine Blässe wiederum, die von der Bronze der Gewehre, die sie ergreifen, absticht, von Waffengewalt hervorgerufen wird. Gewalt macht Hände müde, die Widerstände machen blass. Die Farbe der Ohnmacht ist die Blässe.

Und dann, ganz am Ende, sind diesen entfesselten Händen Fesseln angelegt. Eine Kette nüchtern blanker Ringe bringt den sonnigen Glanz der Idee im Rubin zum Ermatten. Die Idee verblasst, und mit ihr die Hände. Ist der Glanz einmal verschwunden und der Elan, dann liegen die Hände reglos da, Objekte zum Anschauen, braungebrannt und blass wie am Anfang. Um ihnen die Bräune der Stärke auszutreiben, sie restlos auszubleichen, muss man diese Hände ausbluten lassen. Und das Blut, da kann man sicher sein, wird schwarz fließen. –

Diese Pluralität der Hände, die Prospekte, die das Gedicht von ihnen gibt, von denen punktuell immer klar ist, was sie sind und was nicht, diese Hände werden abgetragen, wie Flöze, Schicht um Schicht – oder sie werden aufgetragen, eine Schicht und Sicht auf die andere in ihrer differenten Pluralität. –

Knapp zwei Jahre später, Frühling 1873, ist abermals vom Blut die Rede, vom ‚bösen' Blut, „Mauvais Sang", und von der Hand. Die entsprechende Notiz lautet: „J'ai horreur de tous les métiers. Maîtres et ouvriers, tous paysans, ignobles. La main à plume vaut la main à charrue. – Quel siècle à mains! – Je n'aurai jamais ma main." Ganz gleich welche Berufssparte, gleich welche Tätigkeit des Eingespanntseins, alle stehen sie unter dem Joch der Hand. Die Hand, welche die Feder führt, ist nicht mehr wert als die des Bauern, der den Pflug über den Acker zieht. Das Blatt Papier, denke ich mir, ist der Acker, über den die Feder ihre tintenen Furchen kratzt. Ein ganzes Zeitalter ist nach dem Diktat der Hand ausgerichtet. Ein Zeitalter, das durch die entfesselte Hand angetrieben wird, das den Händen gehört, ein Zeitalter aus Händen gemacht. Und wenn einer dann von sich sagt, er werde nie seine Hand haben, dann wird er der Revolte abgeschworen haben, dem Glauben, dass Hände irgend noch etwas ausrichten könnten wider die Hand. Er wird sich weder im Schreiben einrichten, um etwa sagen zu können, er sei ein Dichter, noch in sonst einem Beruf. Er wird Hände haben, doch keine Hand, von der sich behaupten ließe, sie weise auf einen festen Ort, auf eine feste Überzeugung hin mit den Worten, hier stehst du, du kannst nicht anders.

Aus Georg Trakls silberner Hand

Jeder große Dichter, so las ich beim Philosophen in seiner Erörterung, jeder große Dichter dichte nur aus einem einzigen Gedicht, das aber ungesprochen bleibe. Indes spreche jedes einzelne von dem Ort dieses Ganzen her. Der Gedanke hat sich mir aufgeprägt, auch wenn er später beim Lesen von Gedichten sich nicht stets hervorgetan hat.

Eines der kurzen Werke, das mir noch aus der Schulzeit bekannt war und auf das ich immer wieder zurückgekommen bin, trägt den Titel *Sommer* und stammt aus dem letzten Lebensjahr des Dichters, 1914. Es ist das Gedicht mit der Wendeltreppe, dem rauschenden Kleid dort und der rätselhaft unheimlichen, silbernen Hand, die eine Kerze auslöscht.

Sommer heißt das Gedicht, und die Szenerie, die es entfaltet, ist die eines Abends, der übergeht in die Nacht. Der Tag neigt sich, die „Klage" des Kuckucks im Wald schweigt, das „alte Lied der Grille / Erstirbt im Feld." Eine Lautlosigkeit stellt sich ein, die Leblosigkeit indiziert. Das Korn und der „rote Mohn" neigen sich tiefer, als wollten sie sich zur Ruhe legen. Doch dieser Abend breitet keine Geruhsamkeit aus. Ein „Schwarzes Gewitter droht", und wenn das „alte Lied der Grille" nicht einfach nur aufhört, sondern „Erstirbt", dann scheint mir, als sei es für immer aus mit diesem Lied, als höre man dieses Lied niemals mehr wieder.

Es kommt mir so vor, als verlaufe hier, durch die Mitte des Gedichts, nach dem zweiten Quartett mit der Zeile „Erstirbt im Feld", eine Gefahrenlinie, die Unheil heraufbeschwört, an dem die Drohung des Gewitters, so meine Ahnung, nur mittelbaren Anteil hat. Die zweite Hälfte des Gedichts hebt an mit den Zeilen „Nimmer regt sich das Laub / Der Kastanie." Was sich im

Ersterben des Liedes angekündigt hat, bekräftigt das hyperbolische „Nimmer" der Regung des Laubs. Die Lautlosigkeit setzt über in eine Reglosigkeit, eine Starre, für die auch künftig keine Lösung in Aussicht steht. Als sei die Wiederkehr eines künftigen Sommers nicht vorgesehen, „Nimmer".

Mag sein, dass unter der Drohung des Gewitters das Laub eben zum Tode des Sommers erstarrt ist. Dann aber erfolgt ein Szenenwechsel, der das dritte Quartett zerschneidet, die Erstarrung und Lautlosigkeit aufreißt, für einen Moment wenigstens. Die Zeilen lauten: „Auf der Wendeltreppe / Rauscht dein Kleid." Komplementär zum Draußen von Wald, Hügel und Feld jetzt ein Drinnen mit Wendeltreppe. Anstelle des reglosen Laubes der Kastanie das Rauschen des Kleides, ein Rauschen, welches sonst doch eher Bäumen eignet, wenn der Wind durch ihr belaubtes Geäst fährt. Hier ist es das Kleid, das, als sei ihm, dem anorganischen Stoff, einer Organspende gleich, das Rauschen des Baumes zuteil geworden, rauscht auf der Wendeltreppe, und es ist „dein Kleid". Wessen Kleid angesprochen ist, lässt sich nicht entscheiden. Und was für eine Wendeltreppe das ist, wohin, woher ihr Gewinde führen mag.

In zwei weitere Gedichte ist die Wendeltreppe eingelassen. Einmal, in *Sebastians Traum*, ist es ein Knabe, der wohl schlafwandelnd „die dämmernde Wendeltreppe hinabstieg". In der ersten Fassung des Prosa-Gedichts *Verwandlung des Bösen* ist ein Stillestehn „auf verfallener Wendeltreppe im Haus der Väter" genannt, und ein flackernder Leuchter, der „erlöscht in schmächtigen Händen". Auch hier also Licht, Hände und das Erlöschen, wenngleich in anderer Fügung.

Die zweite Fassung des Gedichts spricht ebenfalls vom Stillestehn, nun „auf der verfallenen Stiege". Und dann die Frage dort: „Was hebst du mit silberner Hand an die Augen; und die Lider sinken wie trunken von Mohn?" Die silberne Hand, aber kein Leuchter, kein Kleid, dafür der Mohn, dessen Halluzinogen mit dem Rauschen des Kleides in *Sommer* verschwistert sein mag. Und die Drehung der „Wendeltreppe", die teilhat an diesem Rausch. Vielleicht aber auch, dass das Wort seinen Index des Wendens im Gedicht *Sommer* aussetzt, den Wandel, obgleich diesen Wandel, diese Wende das letzte Quartett zum Teil wieder aufhebt. Da heißt es: „Stille leuchtet die Kerze / Im dunklen Zimmer;" das Leuchten hat hier nicht, wie in dem erwähnten Gedicht vorher, auf der Wendeltreppe statt; es ist versetzt in ein dunkles Zimmer. Das Wort „still" aber nennen jene Gedichte wie dieses. Nur ist nicht sicher, ob das Wort hier als ein Nomen gesetzt ist oder ob es sich auf die Weise des Leuchtens bezieht: die Kerze leuchtet nicht bloß, sie leuchtet ‚etwas', nämlich „Stille". Oder sie flackert nicht, die Flamme der Kerze, sie ist ruhig und verbreitet ihre Ruhe im dunklen Zimmer; da ist keine Regung, kein Geräusch, wie zuvor noch auf der Wendeltreppe das Rauschen des Kleides.

Schließlich lauten die nächsten Zeilen: „Eine silberne Hand / Löschte sie aus." Das Farbadjektiv ‚silbern' findet sich oft auch in anderen Gedichten wieder; ich stoße unter vielem auf „silberne Wasser", ein „silbernes Herz", auf eine „silberne Blume", die „silbernen Lider", die „Silberstimme" und die „silberne Nacht". Der Philosoph bringt den Farbton mit der Blässe des Todes und dem Gefunkel der Sterne in Verbindung. Und mehrmals Hände, die mit Attributen belegt sind, die „frierende( ) Hand der Mutter", einmal auch ihre „schlummernden Hände( )", die „harte( ) Hand des Vaters", die „knöcherne( ) Hand des Greisen", die „erstorbenen Hände" eines Mönchs und eben die „schmächtigen Hände( )". Hände sind auch „langsam" oder „kalt", nie aber pulsiert Leben in ihnen.

Wie, so frage ich mich, wie gerät diese Hand ins Zimmer? Was ist diese Hand, „Eine" Hand nur, wem gehört sie, woher kommt sie, und warum ist sie silbern? Merkwürdig auch die Zeitform der Vergangenheit, „löschte (...) aus", die einzige im Gedicht.

Die Kerze also leuchtet im dunklen Zimmer, und zwar stille/Stille. Was folgt, ist nicht gleich die „silberne Hand", die irgend ins Zimmer eindringen würde, um die Kerze/Stille auszulöschen. Was folgt, ist ein Semikolon, das die Szene bricht, unterbricht, sie aber auch überbrückt und elliptisch verfugt mit der Szene der auslöschenden Hand. Kerze/Stille und silberne Hand. Steht die Kerze ein für die Ruhe, die eingekehrt ist in ihrem Leuchten, aber auch, rückblendend, im gewärtigenden Belichten der einzelnen Prospekte des Gedichts, im Draußen wie im Drinnen, dann löscht die silberne Hand nicht allein die Kerze aus, sondern mit ihr das *praesens historicum* im *praeteritum*. Sie löscht das, was vor den Sinnen gegenwärtig gewesen ist, aus, denn alles was ist, ist gewesen, es kehrt nicht wieder, „Nimmer".

Die Macht über die Zeit, über Licht und Dunkel, welche dieser Hand zueigen scheint, lässt mich gleich vermuten, es sei keine menschliche Hand, die hier agiert. Eine gespenstische Hand ist es allemal. Doch von der führenden, schaffenden und strafenden Hand Gottes zu handeln, wäre übereilt, unbotmäßig. Ihr Unheimliches bezieht diese Hand gewiss aus dem Umstand, dass ihr kein Körper zuzuweisen ist, dass sie allein handelt und mit dem Attribut des Silbernen belegt ist.

Nein, diese Hand ist keine übermächtige, überirdische, aber doch übersinnliche Hand, es ist eine Hand, die, als „silberne", ein Glänzen ins Dunkel aussetzt. Anders als die Kerze leuchtet die Hand nicht. Nicht dass die Hand metallisch verblendet wäre, eine Hand aus Silber oder eine versilberte Hand. Es scheint, als wohne ein Glanz auf dieser Hand, ein Glanz, der vom Draußen kommt, den sie aus der Nacht bezogen hat, von den Himmelskörpern, die glänzen, ein Abglanz. Jedenfalls haftet dieser Hand

Anorganisches an, die Kälte des metallischen Glanzes, die im Widerpart steht zur Wärme der leuchtenden Kerze.

Ob im Silber gar eine Nähe des Todes impliziert sei, wie der Philosoph meint, lässt sich mit Sicherheit nicht sagen. Die letzte Zeile des Gedichts, allein stehend nach den vier Quartetten, gleichwohl durch ein Semikolon nicht ganz abgesondert, trägt die Worte: „Windstille, sternlose Nacht." Hier entfällt die Prädikation, die Hand hat ihren Dienst getan. Die Stille drinnen, durch das Auslöschen des Kerzenlichts ins Dunkel getaucht und, sage ich, somit vervollkommnet, herrscht auch draußen. Das Schweigen, Sich-Neigen, das Ersterben und Nimmer-sich-Regen mögen wider das drohende, aber nicht ausgebrochene Gewitter, selbst ein Gefährte des Dunkels, jene Hand in den Dienst des Dunkelns und der Stille genommen haben. Das Silber aber, dessen sie bedarf, um sich vom Dunkel abzuheben wie sonst Mond und Sterne vom Nachthimmel, mag selber verglimmen, und was scheint, ist, als habe die silberne Hand mit dem Schein der Kerze zuletzt auch das Funkeln der Sterne ausgelöscht. Und mit dieser Auslöschung sei sie selbst, unkenntlich nun, der eigenen Auslöschung im Dunkel anheimgefallen.

Aus Emily Dickinsons Wind-Hand

Gottes Hand schöpft, lenkt und straft. Sie schickt Winde los und lässt regnen, blitzen und donnern. Da der Herr das Ende allen Fleisches auf der verderbten Erde beschlossen hat, trägt er Noah auf, die Arche zu bauen, und schließt mit ihm einen Bund, wonach von allen Lebewesen je ein Paar in den schwimmenden Kasten aufgenommen werden soll. Dann kommt der vierzigtägige Regen. –

Vor diesem Hintergrund stehen mir die Zeilen des Gedichts, das die Dichterin um das Jahr 1864 verfasst hat und dessen erste Version anhebt mit den Worten „The Wind begun to knead the Grass –". Der Vergleich mit den Frauen im zweiten Vers, die einen Teig kneten, gibt dem Wind, der Himmelsmacht, ein befremdend menschenähnliches Tun an die Hand. Diese Ähnlichkeit jedoch trennt mehr als dass sie die Sphären verbindet. Mit den beiden Zeilen „He flung a Hand full at the Plain – / A Hand full at the Sky –" ist der Aktionsradius des Windes abgesteckt, eine Spanne zwischen Himmel und ebener Erde.

Der Wind ist mit einer Hand ausgestattet, einem Lehen Gottes, er ist ein Gesandter des Herrn, sein Instrument. Die Handgreiflichkeit des Windes ist zuletzt nicht darauf aus, Objekte zu formen, auch wenn sein Umgang mit dem Gras anfangs das glauben macht. Ich kann nicht sagen, dass der Wind etwas erfasse, um es darauf zur Erde hin oder zum Himmel hoch zu schleudern. Es ist die Hand selbst, die geschleudert wird, „a Hand", eine unbestimmte Hand, die in ihrer Unbestimmtheit ein Stück weit sich von Gott gelöst zu haben scheint, ohne dabei ganz eigenmächtig zu verfahren. –

In der zweiten Version des Gedichts aus demselben Jahr ist die Nennung der Hand am Anfang zurückgenommen. Der Wind dort beginnt das Gras zu schaukeln, dann wirft er etwas Immaterielles, eine Drohung nämlich, „a Menace", zum Himmel hinauf und zur Erde nieder. In der Geste dieses synekdochischen Wurfs ist die Abgefallenheit der Menschen von Gott, in dessen Zorn, entladen im Wind, bekundet.

Wenn, wie der philosophierende Zeitgenosse der Dichterin bemerkt hat, die ganze Welt emblematisch und die Teile der Sprache Metaphern seien, da die Gesamtheit der Natur eine Metapher des menschlichen Geistes sei, dann tritt die Bildlichkeit des Windes in ihrer Analogie zur menschlichen Hand zurück zugunsten einer untrauten, vom Menschen unabhängigen Macht. Im Wirken des Winds der zweiten Gedichtfassung hält die Hand her nur noch zum Vergleich, den schon die erste Version aufgerufen hatte: „The Dust did scoop itself like Hands". Staub wird aufgewirbelt. Wie sonst Hände, so schaufelt der Staub sich selbst, doch ohne den Zweck einer zielgerichtet arbeitenden Hand. Die Wind-Hand initiiert eine Szene, als ob sie sich vervielfachte, „like Hands". Und dem Wort Staub, „Dust", haftet ja eine Materialität des Menschlichen schlechthin an, aus Staub gemachte Wesen, die wieder werden zu Staub. –

Während die Donner in der ersten Fassung noch menschenähnlich akustische Gerüchte verbreiten – "The Thunders gossiped low –" – und der Blitz einen gelben Kopf und einen wild entbrannten Zeh zeigt, ist der singuläre Donner der zweiten in das Oxymoron des langsamen Dahineilens eingebunden – "The Thunder hurried slow –" – und der Blitz, deutlich bestialisiert, zeigt einen gelben Schnabel und eine fuchsteufelswilde Klaue. Vorkehrungen und Fluchtbewegungen der Vögel und des Viehs werden zitiert, bevor der erste Tropfen des Großen Regens fällt. Dann heißt es, in beiden Fassungen gleich: „And then as if the Hands / That held the Dam had parted hold / The Waters wrecked the Sky".

Die Hände also, die den Damm halten, verlieren ihren Halt, sie halten den Wassermassen nicht stand. Dem von Menschenhand errichteten Bauwerk, das in Verwandtschaft steht zu jenem vermessenen Turmbau, haften gleichsam noch Hände an, die es stützen, „as if". Dies Als-ob der Hände, deren Kraft nachlässt und die schließlich dem Druck nachgeben, steht ein für die Ohnmacht jeglicher menschlichen Handlung gegenüber der göttlich verfügten Macht der Natur. Die Wasser steigen bis zum Himmel, dahin, woher sie kamen. Dabei wird das Haus des Vaters, „my Father's House" übersehen, nur ein Baum wird geviertteilt. Wenn ich das Vaterhaus als Analogie zu Noah und den Seinen lese, so könnte gar an Verschonung gedacht sein. Die Spaltung des Baumes würde vorausdeuten auf das Material, Tannenholz soll es gewesen sein, aus dem Noah die Arche fertigte. –

In einem späteren Gedicht erwähnt die Dichterin ausdrücklich Gottes Rechte Hand, „God's Right Hand". Der kurze Text spricht von einer Zeitenwende, von den Sterbenden damals, in einer unbestimmten Zeit, die wussten, wohin sie gingen, nämlich „to God's Right Hand". Von rechts kommen Heil und Schutz, das Recht und die Richtigkeit. Diese Hand, so die Dichterin weiter, sei nun abgefallen, amputiert: „That Hand is amputated now / And God cannot be found –". Aus göttlicher Hand losgelassene Winde, Donner, Blitz und Wassermassen, stehen nicht länger im Zeichen heilsbringenden Rechts. Der Abfall vom Glauben lässt das Verhalten der Menschen gering werden, nichtig gar. Und weil das so ist, folgt der Schluss der Dichterin: „Better an ignis fatuus / Than no illume at all –". Besser eine törichte, alberne, kindische Begeisterung auch als gar kein Licht, das einem leuchtet. Es ist der Glaube an sich selbst, der nicht den Glauben an Gott ersetzt, ihn vielmehr in sich aufnimmt, als versehrten, als offene Wunde der amputierten Hand. Dass Gott seiner Hand, seiner aufrichtigen, rechten Hand verlustig ging, war ja die Folge des Frevels und der Niedertracht, die sie im Menschen vordem selbst geschaffen hatte. Anstelle des nach der Sintflut in die Menschen gesetzten Vertrauens wäre es geboten gewesen, mehr Respekt von den Erdlingen zu erheischen. Nun ist es dem gläubig Zweifelnden, dem ernsthaft Gott ergebenen Staubwesen zugetragen, für diese Spaltung geradezustehen.

Aus Rainer-Maria Rilkes Innerem der Hand

Unter dem Einfluss des von ihm hochgeschätzten französischen Bildhauers hat der Dichter sich im Jahre 1902 zum Repertoire der Hände geäußert. Der Künstler verstehe es, aus vielen Dingen ein Einziges zu machen, und aus dem kleinsten Teil eines Dinges fertige er eine Welt. Hände, so der Dichter, gebe es viele bei dem Franzosen und in den verschiedensten Arten. Er zählt unter anderem auf: „Hände, die gehen, schlafende Hände, und Hände, welche erwachen; verbrecherische, erblich belastete Hände und solche, die müde sind, die nichts mehr wollen, die sich niedergelegt haben in irgendeinen Winkel, wie kranke Tiere, welche wissen, dass ihnen niemand helfen kann." Und schließlich konzediert er, dass Hände schon „ein ziemlich komplizierter Mechanismus" seien, „ein Delta, in dem viel fernherkommendes Leben zusammenfließt, um sich in den großen Strom der Tat zu ergießen. Es gibt eine Geschichte der Hände, sie haben tatsächlich ihre eigene Kultur, ihre besondere Schönheit; man gesteht ihnen das Recht zu, eine eigene Entwickelung zu haben, eigene Wünsche, Gefühle, Launen und Liebhabereien."

Das, was in den Händen zusammenfließen mag, ihre Geschichte, Kultur und Entwicklung ausmacht, fließt auch in das späte Poem des Dichters ein, das gut zwei Jahre vor seinem Tod, im Oktober 1924, entsteht und den Titel *Inneres der Hand* trägt. Die beiden ersten Verse lauten: „Innres der Hand. Sohle, die nicht mehr geht / als auf Gefühl. Die sich nach oben hält." Das Innere der Hand, ich gebe der Neigung nach, dazu auch ‚Handteller' oder ‚Handfläche' zu sagen. Es ist das, was im Italienischen und Spanischen ‚palma', im Französischen ‚paume' heißt.

Allein wenn gegenüber ‚Teller' und ‚Fläche' die Wendung vom Innern der Hand bevorzugt wird, belegt das mehr und Anderes auch als lediglich eine Flächigkeit der Hand mit einer Mulde, die an einen Teller erinnert. Das Wort vom Innern der Hand tut einen Raum auf, der dem an Äußerem orientierten Betrachter gemeinhin verschlossen bleibt. Dabei ist freilich nicht an einen chirurgischen Eingriff zu denken, zum Zwecke anatomischer Erkundungen. Das Innere der Hand zeigt nichts Konkretes, es gibt da nichts, was sichtbar wäre, außer „Gefühl", das im Innern entgegen allen Äußerlichkeiten seinen Ort hat.

In einem Gedichtentwurf aus dem selben Jahr, den der Dichter *Mausoleum* überschrieben hat, stehen am Ende die Zeilen: „Wind, / unsichtbar, / Windinnres". Das Innere scheint mit einer Wesenhaftigkeit zu tun zu haben, mit einer Bedingtheit, die erst ermöglicht, dass etwas ist – Wind, Hand. Der Raum, von dem ich eben sprach, wäre der Hort des Unsichtbaren als Ort der Sprache des Gedichts, die ihn, sichtbar, beschriftet, und in diesem besonderen Fall der Ort, der von der Hand kündet, ihrem Inneren und dem Schicksal, das daran haftet. Die Grundvorstellung von dem Handteller und seiner von Linien durchzogenen Flächigkeit im Innern der Hand ist damit nicht in Abrede gestellt; sie besteht neben der anderen, der Tiefenvorstellung, vom sich öffnenden Raum fort.

Was hat dann die „Sohle", frage ich mich, „die nicht mehr geht", mit dem Innern der Hand zu schaffen? Nach paläontologischen Erkenntnissen sind zu Beginn der menschlichen Evolution die Wirbelsäule, das Gesicht und die Hand untrennbar miteinander verbunden. Es sind der aufrechte Gang, das kurze Gesicht und bei der Fortbewegung frei bleibende Hände, die den Menschen fundamental von allen anderen Lebewesen unterscheiden. Die Befreiung der Hand ermöglicht die Herstellung von Werkzeugen wie die Entwicklung eines Gehirns, das die Voraussetzung für den Gebrauch der Sprache bildet. Die Werkzeuge als Exteriorisierung der Hand- und Gebissfunktion, wie der französische Paläontologe zu verstehen gibt, sind neurologisch miteinander verknüpft; sie lassen sich von der sozialen Struktur der Menschheit nicht ablösen. Wenn nun der Dichter die Sohle aufruft, „die nicht mehr geht", dann dürfte die der Erde verhaftete Fußfläche ins Innere der Hand verwandelt sein, die eben „nicht mehr geht", da sie, infolge des aufrechten Gangs, von ihrer Bodenhaftung befreit ist. Was dieser Handsohle nunmehr eignet, ist ein Gehen „auf Gefühl". Und was das Gefühl anfüllt, entfalten die folgenden Verse des Gedichts in Bezügen, die allesamt von dem Wort „Sohle" abzweigen.

Die Sohle der Hand, ihr Inneres, hält sich „nach oben", wird zum kosmologischen „Spiegel" der „himmlische[n] Straßen". Die Handsohle ist dasjenige Ding, diejenige Fläche, die spiegelt, mit Linien durchzogen das Augenmerk auf sich lenkt. Im Innern der Hand verdichtet sich, wenn aus ihr ‚gelesen' wird, eine poetische Chirologie, die nicht physiognomisch aus Form und Linien der Hand auf je individuelle Charaktereigenschaften schließen lässt. Was könnte aus ihr ‚gelesen', was in sie hineingelesen werden, wenn nicht die Figur ihrer eigenen befragenswerten Geschichte, ihres eigenen Geschicks?

Um Bestimmtes im Sinne einer die Zukunft deutenden Wahrsagekunst ist es dem Gedicht nicht zu tun. Nicht um ein besonderes Handinneres geht es, sondern um die selbständige Besonderheit eines Ganzen in seiner Abgetrenntheit. Und stets geht es ums Gehen, um die Kehre vom Gehen zum Nicht-mehr-Gehen „als auf Gefühl" in der Drehung der Handsohle „nach oben", der Sphäre, mit der sie einst eng verbunden war, im Sinne eines astralen Ideengefüges. Die Sohle hat einmal gelernt, „auf Wasser zu gehn, / wenn sie schöpft"; sie geht „auf den Brunnen" und ist dabei „aller Wege Verwandlerin".

Es sind alttestamentarische Indizes, an die ich hier denken muss, an Gottes ausgestreckte, Wunder vollbringende Hand. Was hier aber als so phänomenal vorgeführt wird, das Gehen auf Wasser beim Schöpfen – wovon? – wie auf den Brunnen, weist an jene Studie über den französischen Bildhauer zurück, wo von dem Organismus der Hände als von einem „Delta" gehandelt worden ist, von einem Zusammenfließen des aus Fernen herkommenden Lebens und dem „großen Strom der Tat", in den es mündet. Die Hände sind also, um dem Bild zu folgen, in ihrer Seinsart dem Fließen verwandt wie anverwandelt, das sie zu Verwandlungen führt. In der Trope des Wassers gehen Hände auf – wie eine Blume aufgeht; wie eine Rechnung aufgeht. Und die Sohle tritt, deltagleich, „in anderen Händen" auf; der Handwurzel entsprießen die Finger zum Delta. Die Sohle, sie setzt sich wandelnd fort und macht „ihresgleichen zur Landschaft": zur Handschaft. Die Handschaft als Landschaft der Hände ist der Raum, in dem die Sohle sich so ergeht und „ankommt", im Innern der Hand, da, woraus Gefühl wird und das Gehen in der Ankunft sein Ende hat. –

Im späteren, auf Januar 1925 datierten und *Paume* überschriebenen Gedicht hat der Dichter das Handinnere bloß noch auf einen kosmologischen Bezug zu den Sternen hin fokussiert.

Einstmals, so die mythische Vorstellung, sind die Sterne von den Handflächen zum Himmel aufgestiegen und haben dort unten ihre Furchen hinterlassen, in jenem „doux lit froissé", dem faltigen Bett, wo sie schliefen. Die von den Sternen verlassenen Handbetten – „abandonnés et froids" – sind fortan zwar unbeschwert, aber gezeichnet von der Spur der Abwesenden. Auch wenn die Sterne den menschlichen Blick nicht erwidern, zeugt die bleibende Figur der Linien im Innern der Hand, zeugt die Handschaft von ihrem Da-gewesen-Sein.

Die Geschicke der Menschen stehen nicht in den Sternen, sie liegen in der Hand, ohne dass man, was die Sterne dort ließen, lesen könnte. Wir tragen, ungeachtet seiner, das Mal an und mit uns. Nur eingedenk eines wiederholenden, als Empfängnis gedachten Schreibens wiederholt sich die Figur der Spur aus der Abwesenheit heraus. Der Auftrag zum Schreiben, im Dienste einer Idee der sichtbaren, aber nicht lesbaren Spur, ergeht von den himmlischen Gestirnen. In der Hand, zumal der Schreibhand, so scheint mir, ist das Geschick des entsternten Handbetts dingfest geworden. Nur mit dem Schreibstift in der Hand, diesem Sternensubstitut, kann das abwesende Gewicht der Himmelskörper aufgehoben werden. Im Bett, wo einst die Sterne schliefen, ruht jetzt das Schreibgerät, und es ruht nicht, die Geschichte jener Entfernung stets von neuem aufzuzeichnen.

Aus Ingeborg Bachmanns und Paul Celans
Dramaturgie der Hände

Gegen Ende September des Jahres 1948 erhält die junge Frau einen Gedichtband des fernen Geliebten aus dritter Hand zum Geschenk. In einem weihnachtszeitlichen Brief, den sie dann nicht abschickt, sucht sie eine Gefühlsregung zu fassen, die nicht zu begreifen ist. Der Boden leicht und schwebend unter den Füßen, und die Hand, „meine Hand hat ein bisschen, ganz, ganz wenig gezittert." Dies um Unmerklichkeit bemühte, herabmindernde emphatische Reden impft erst dem Zittern der Hand jene Überdeutlichkeit ein, die das Wenige in ein kleines Beben verwandelt. Die Frau, die das Buch mit den Gedichten des Geliebten in Händen hält, mag das Schriftwerk weniger begreifen als dass sie davon ergriffen wird.

Ob das Zittern der Hand sich fortsetzt in das Schreiben des unabgesandten Briefes – es ist ein handschriftlicher Brief –, ob es sich etwa im eigenen Führen des Schreibstifts potenzierend verdoppelt oder sich löst in einer Entladung des Träufelns von Lettern auf das Papier, ist nicht auszumachen. Jedenfalls hat die Frau in einer Wiener Literaturzeitschrift der Jahreswende 1948/49 selber ein Gedicht, ohne Titel, veröffentlicht, wo es heißt: „Es könnte viel bedeuten: wir vergehen, / wir kommen ungefragt und müssen weichen. / Doch daß wir sprechen und uns nicht verstehen / und keinen Augenblick des anderen Hand erreichen, // zerschlägt so viel: wir werden nicht bestehen."

Nun ist es gewiss nicht zwingend, diese allgemein gehaltenen Bekundungen auf ein Liebesverhältnis zu übertragen, schon gar nicht, sie darauf zu reduzieren, gleichwohl sehe ich darin ein Konzentrat, das die Problematik der Liebesbeziehung zwischen dem Mann und der Frau grundiert. Über die außersprachlichen

Handlungen der Liebenden, anlässlich der wenigen persönlichen Begegnungen, lässt sich nichts befinden. Der Bedeutsamkeit der Hand indes, des Wortes ‚Hand', kommt gleichsam eine Schwellenstellung zu, zwischen der Welt der Worte und der wortlosen, einverständigen Geste sich berührender Hände zu vermitteln. Das Wort ‚Hand' steht als das bindende und als das trennende Glied zwischen den Liebenden. Als Wort trennt es immer schon mehr als dass es verbindet. Doch weist es über seine Worthaftigkeit hinaus, birgt das Vermögen, sich selbst ein Andres zu werden, leibhaftige, ausgestreckte, beschützende, begütigende Hand, jenseits von Verlautung und Verschriftung.

Im Gedicht der Frau ist, für dieses Mal, das Urteil gesprochen: dadurch, dass die Menschen sprechen und einander nicht verstehen, ist das Bindeglied der zu erreichenden Hand des Anderen zerschlagen. So unnachgiebig das Urteil vorkommt, so wenig kann es das letzte Wort sein. In der Folge wird die Frau dem Mann öfter Briefe schreiben. Ein halbes Jahr später kündet ein abgebrochener Briefentwurf abermals von Händen, den seinen, den ihren. Erneut hat sie Gedichte des Geliebten erhalten über einen Dritten. Keine Rede vom Zittern der Hand diesmal, sondern von einem ganzen Szenarium der imaginierten Hände. Es ist ein stummes Antworten der Frau auf die Gedichte des Mannes, die sie liest. In einer Grübelei spricht sie „zu Dir" und nimmt, die Szene gestisch anfüllend, „Deinen fremden, dunklen Kopf zwischen meine Hände", um irgend lindernd auf ihn einzuwirken. Sie möchte, mit diesen Händen, „Dir die Steine von der Brust schieben, deine Hand mit den Nelken freimachen und dich singen hören." ‚Mit diesen Händen' – den schreibenden, die ‚Steine von der Brust' schreiben.

Der Mensch mit der Nelke, den sie aus einem der Gedichte des Mannes liest, ist einer, der tief mit der Leidensgeschichte seines Volkes verwurzelt ist, des geschundenen. Nichts minder als ein hilfloser, euphorischer Befreiungsakt, den die Frau da aussinnt. Was vermögen schon diese Worte von die Beklemmung lösenden, entlastenden Händen anderes als das Imaginäre zu befruchten. Gesten, verschriftet, kommen nicht an, verlieren ihre Wirkkraft so wie Küsse den Adressaten nicht erreichen, gepackt in einen Satz, ‚ich küsse und umarme dich'.

Die Frau muss sich ihres Überschwangs bewusst gewesen sein und geahnt haben, dass solche Briefe, auch wenn sie abgeschickt werden, ins Leere trudeln. Dann aber, knapp einen Monat später, erhält sie eine Karte des Geliebten mit einem Mohnarrangement; ihr Geburtstag steht an, und mit Mohnblumen hat sie der Dichter schon im Vorjahr beglückt, kurz nach ihrer ersten Begegnung. ‚Mohn und Gedächtnis', so heißt es in dem Gedicht *Corona* des Mannes, „wir sagen uns Dunkles, / wir lieben einander wie Mohn und Gedächtnis". Die Karte verweist auf „zwei große leuchtende Sträuße" auf einem Geburtstagstisch im fernen Paris, eingedenk jener Begegnung, die Blumen, die in der Antike untrennbar mit dem Schlaf verbunden gleichermaßen der Erdgöttin Demeter wie der Göttin der Unterwelt, Persephone, angehören und in der Folklore einstehen für die Versinnbildlichung der Fruchtbarkeit; die Mohnblumen stehen hier schon zu sehr unter dem Bann des Gedächtnisses und einer daraus fruchtenden Blüte zur Wortkunst des Mannes, so dass sie der Frau verdächtig vorkommen könnten. Eine freudige Aufgeregtheit aber lässt sich zunächst nicht verhehlen. Die Karte trifft sie „mitten in mein Herz". Und wie die Karte, stellvertretend für seine abwesenden Hände, sie ‚anrührt', malt sie sich eine Szene der Hingabe aus, ohne Grübelei, ohne mit den eigenen Händen entlastend einzugreifen. Ein Wunsch, der nicht realisiert wird, für den die Worte einstehen: „spüren, wie du meine Hände anfasst, wie du mich ganz mit Blumen anfasst und dann wieder nicht wissen, woher du kommst und wohin du gehst."

Später wird die Dichterin seiner ihren Wünschen entgegenstehenden Gedächtniskunst mit Vehemenz widersprechen, in Gedichten wie *Erklär mir, Liebe*, *Dunkles zu sagen* und *Die gestundete Zeit*. Die Frau wird fortan, wie der Freund des Dichters und Kenner seines Werks notierte, zwischen den eigenen Wünschen und der ihr von dem Mann zugedachten Rolle hin und her schwanken. –

Mitte des Jahres 1950, vier Monate vor einem Wiedersehen in Paris, stellt die Frau in einem kurzen Brief aus dem Ungewissen heraus die bange Frage, ob der Andere noch erreichbar oder „schon in ein nächstes Meer getaucht" sei. Und sollte er auch abgetaucht sein, so wähnt sie doch eine seiner Hände frei „für andere". ‚Frei' – zu welchem Zweck? Das Gebot „hol mich mit der Hand, die man für andere frei hat!" geht aus von dem Umstand, dass der Mann nicht beide Hände mit dem Schreibauftrag belegt hat, davon, dass die eine Hand nicht tut, was der anderen als Pflicht auferlegt ist. Die dergestalt freie Hand aber wäre eine, die eine Sogkraft ausübte und die Geliebte hereinzöge in das ‚nächste Meer'. Nichts scheint indes so unerträglich wie der Entzug der Hand, die Bereitwilligkeit, das Band zu durchtrennen.

Einen Monat vor der Wiederbegegnung in Paris kündigt die Frau ihre Reise an und vermerkt, dass ihr das Schreiben schwerfalle, „weil ich fühle, dass alles erst wieder gut werden könnte, wenn ich Gelegenheit haben werde, Dir gegenüberzustehen, Deine Hand zu halten und Dir alles, alles zu erzählen." Die Skepsis gegenüber der Macht der geschriebenen Worte, die hier der Abwesenheit des Geliebten zugeschrieben wird, traut dem realen Gegenüber von Ich und Du Möglichkeiten der Verständigung und des Verstehens zu, die im besänftigenden, zutraulichen Halten der Hand und im Erzählen von Allem indiziert sind.

Nichts wird gut, die Komplikationen lösen sich nicht, die „inneren Schwierigkeiten", die die Frau belasten, diese Zwietracht, den Mann zu lieben und ihn nicht lieben zu wollen. Weitere Briefe folgen und ein weiteres Treffen im Februar/März 1951, dann noch eines im Mai 1952, anlässlich einer Tagung der „Gruppe 47". Von Händen ist erst wieder im November 1957 zu lesen, nachdem der Mann und die Frau sich bei einer Tagung in Köln gesehen haben. Der Mann ist inzwischen verheiratet und hat einen Sohn. Und der Mann ist es auch, dem jetzt der Part des Schreibens von Händen zufällt, in Verbindung mit dem Dunkel und der Lampe oder dem Leuchten.

Die gemeinsame Einrichtung des deutschen Teils der mehrsprachigen Zeitschrift *Botteghe Oscure* erfordert eine enge Zusammenarbeit, die sich in einer dichten Aufeinanderfolge von Briefen niederschlägt. In einem der ersten dieser Art steckt der Mann das triadische Feld von Dunkel, Hand und Lampe ab. Zum Schluss seines Briefes an die Frau hält er fest: „Botteghe Oscure: das verspricht ein wenig Dunkel und Verborgenheit – dürfen wir uns hier nicht die Hand reichen und ein paar Worte tauschen?" Das klingt vergleichsweise sachlich, wie von einem, der sich nach einer gescheiterten Liebschaft dem Anderen freundschaftlich wieder anzunähern versucht: die Hand ‚reichen', nicht ‚halten', und ‚Worte tauschen' anstatt ‚alles, alles zu erzählen'. Und der Mann schließt mit der Bemerkung: „Morgen ziehst Du in Deine neue Wohnung: darf ich bald kommen und mit Dir eine Lampe suchen gehen?" Im Dunkel haust das Versprechen von etwas Abgeschiedenheit, zugleich verlangt es nach Klärungen, nach Aufhellung. Das Reichen der Hand wie das Suchen nach einer Lampe ist in ein Fragen eingelassen, ein Fragen des Dürfens: dürfen wir, darf ich? Das Schicksal der Verbundenheit durch die dargereichte Hand hängt also davon ab, ob es gelingt, eine Lampe zu finden. –

In der Folge des Briefwechsels wird die Lampe von beiden zitiert werden. Spricht der Mann von ‚einer' Lampe, die gesucht werden soll, ist es der Frau „die Lampe", eine bestimmte, die gleichwohl nicht näher zu bestimmen ist. Das Wort ‚Lampe' oszilliert zwischen dem Licht spendenden Gebrauchsgegenstand im Dunkel, auf den es verweist, und der Hoffnung, klärend, lichtend auf die Angelegenheiten der Befreundeten, der Liebenden einzuwirken. Tatsächlich geht es um die Lampe als Möbelstück, denn beide sind zur gleichen Zeit in Wohnungswechsel verstrickt, er in Paris, sie in München. Dass aber die Lampe, und nicht Schrank, Bett oder Stuhl, Erwähnung findet, ist ihrer Funktion geschuldet, dass die darunter Weilenden bei Einbruch der Dämmerung lesen und schreiben können. Dem Mann schreibt sich die Lampe in die Grußformel ein: „Lampensuchenderweise". Zwei Wochen vor dem Wiedersehen in München insistiert er in einem weiteren Brief: „Wir wollen dann die Lampe suchen gehen." Auch ihm scheint jetzt nicht an irgendeiner Lampe gelegen zu sein. Kurze Zeit nach der Begegnung schreibt die Frau von „dem Leuchter" in der neuen Wohnung, bei dem „alles andere" steht oder liegt, während sie selbst in einem Hotel weilt mit zerknittertem Papier. Weitere fünf Tage später vermerkt sie in einem Brief an den Mann, dass sein Gedicht angekommen sei, geschrieben just an dem Tag, „als ich zum Leuchter zog". Der Leuchter ist also besorgt, und er hält Wacht in der neuen Wohnung, während die Mieterin noch im Hotel lebt. Der Leuchter haust schon, da sie zu ihm zieht, und es ist unstrittig, dass er von der Frau als ein vom Geliebten beseeltes Wesen angeschaut wird. Gleich nach Weihnachten, dem Fest der Lichter, wird der Leuchter mit einem ihn schmückenden Utensil ausgestattet: „Heute habe ich für den Leuchter eine schöne Kerze gekauft." –

Jenes handschriftliche Gedicht des Mannes, von dessen Eintreffen die Frau geschrieben hat und das den Titel *Ein Tag und noch einer* trägt, zitiert ‚Leuchter' und ‚Hand', „deine Hand". Das Gedicht, fraglos nimmt es Bezug zu dem Münchner Aufenthalt des Mannes im Dezember 1957. Es lautet: „Föhniges Du. Die Stille / ging mit uns mit wie ein zweites, / deutliches Leben. // Ich gewann, ich verlor, wir glaubten / an düstere Wunder, der Ast, / groß an den Himmel geschrieben, trug uns, wuchs / in die Mondbahn, ein Morgen / stieg ins Gestern hinauf, wir holten / den Leuchter, ich weinte / in deine Hand."

Der Föhn, ein warmer Fallwind von Gebirgshöhen her im Winter, mag bei wetterfühligen Personen mitunter zu Schlaflosigkeit, Schwindelgefühlen oder Kopfschmerzen führen. Dass hier das Du als ‚föhnig' attribuiert ist, lässt einen schwanken, vielleicht etwas euphorischen Gemütszustand vermuten. „Die Stille", die mitgeht, begleitet, steht ein für ein zweites, deutliches Leben. Deutlichkeit und Stille, das erlaubt keine Schlüsse auf Erklärungen, Erhellungen, die der gesprochenen Sprache geschuldet sind, sondert sie ab, grenzt sie in ihrem Selbstverständnis in ein Jenseits der Sprache aus. Die Spanne zwischen Gewinnen und Verlieren zeugt, wie die Föhnigkeit, nicht von Festem. Im Glauben „an düstere Wunder" gerade nistet Ungeheuerliches, im tragenden, trügenden Ast, „an den Himmel" die Verortung des Glaubens geknüpft, „geschrieben", sitzt ein wucherndes Aufschwingen, das von jeglicher Erdenfestigkeit abhebt. Die Ausrichtung des „Morgen" auf das „Gestern" da oben schert ein ‚Heute' aus. Das Holen des Leuchters mag ganz konkret auf die künstliche Lichtquelle bezogen sein, die herbeigeholt wird im Dunkeln. Der „Leuchter" steht aber auch ein gegen die Düsterkeit der Wunder. Und das Weinen „in deine Hand", diese überaus intime Geste, impliziert eine Neige, dem „hinauf" zuwider.

Gerade diese Innigkeit ist in der späteren, für den Druck in dem Band *Sprachgitter* vorgesehenen Fassung des Gedichts vom Dichter getilgt worden. Da überwiegt Hektisches und Trennendes. Die „Stille" dort ist das zweite, deutliche Leben selbst, sie

„flog uns voraus." Der Ast wird „rasch" an den Himmel geschrieben, und ein Morgen „sprang" ins Gestern hinauf. Alles wirkt überhastet, als reibe man sich aneinander auf. Schließlich heißt es: „(...), wir holten, / zerstoben, den Leuchter, ich stürzte / alles in niemandes Hand."

Zerstobenheit, ich denke dabei an Rauch, Staub, an Asche, an Zernichtung, wogegen der „Leuchter" nichts auszurichten vermag. Der „Leuchter", das ist hier nicht länger nur der Gebrauchsgegenstand in der neuen Wohnung der Geliebten, ich denke vielmehr an den siebenarmigen goldenen Leuchter Jahwes, die Lichter als den sieben, alles überschauenden Augen des Herrn. Im Übrigen setzt, nach der Zäsur der ersten drei Zeilen, das Gedicht im zweiten Teil, da das „Du" schon ausgeschieden ist, in sieben Zeilen sich fort. Die Szene wird bezeugt von den sieben Augen Gottes, denen jeweils eine Gedichtzeile zuspricht. –

Das ‚Stürzen' zuletzt, das in die Reihe von ‚Fliegen' und ‚Springen' sich einträgt. Ich lese „ich stürzte" als *intransitivum*; „ich stürzte", ‚ich fiel', und hernach befindet sich, ist, „alles in niemandes Hand." Ich lese auch „ich stürzte / alles" als *transitivum*; eine nach unten gelenkte, eilige Aktion, die „alles in niemandes Hand" befördert. Alles und Niemand; „alles", das Leben, seine Geschicke, gelegt, nein, ‚gestürzt' ‚in niemandes Hand', eine Hand, der man einst Gott hat zuweisen können, eine Hand ohne Zugehörigkeit, eine abgetrennte Hand. Und auch „ich", der „stürzte", ist, leidenserfülltes „Alles", jener Hand schicksalhaft überantwortet.

Man kann sagen, „niemandes Hand", die doch einmal „deine Hand" gewesen ist, das gehe die Frau nichts mehr an, durchkreuzt und nichtet alle noch so schmerzliche Nähe „in niemandes Hand". Da, wo sie noch „alles, alles" zu „erzählen" trachtete, beim Halten seiner Hand, wirft er „alles" weg, „in niemandes Hand". Der Himmel ist trügerisch, gewiss, und der geschriebene Ast nicht tragfähig, so dass ein ‚Stürzen' gar nicht ausbleiben kann, doch das Abgründige, das ausschließlich dem „ich", nicht dem „wir" vorbehalten ist, „niemandes Hand" eben, ist kein Ort, in dem die Frau dem Geliebten unabdingbar folgen würde.

Bevor sie den Text in jener abgeänderten Druckfassung zu Gesicht bekommen hat, erhält sie zu Beginn des Jahres 1958 ein weiteres handschriftliches Gedicht zugeschickt mit dem Titel *Eine Hand*. Die Verse lauten: „Der Tisch, aus Stundenholz, mit / dem Reisgericht und dem Wein. / Es wird / gegessen, geschwiegen, getrunken. // Eine Hand, die ich küßte, / leuchtet den Mündern." Diesen Wortlaut hat der Dichter unverändert in die Druckfassung von *Sprachgitter* aufgenommen. Das Gedicht nimmt sich wie ein Stillleben aus, wenngleich ein ‚gestundetes'. Keine Konturen eines vordergründigen Du, vielmehr entrückte Aktivitäten, Essen, Schweigen, Trinken als Kulisse der ‚Münder', die niemand Bestimmtem zuzuweisen sind. Auch „eine Hand" folgt dieser Unbestimmtheit, ihrer Singularität ungeachtet. Der Kuss, so kommt es mir vor, den „eine Hand" empfängt, initiiert erst ihr den „Mündern" geltendes Leuchten. ‚Küssen' und ‚Leuchten' wie ‚Hand' und ‚Münder' bilden Wortpaare, die einander wechselseitig befruchten. Erst als leuchtende vermag „eine Hand" auf die ‚Münder' einzuwirken, und erst der Handkuss bringt die Hand zum Leuchten.

Was aber hat es mit dem ‚Leuchten' und den „Mündern" auf sich? Die ‚Münder' stehen in Beziehung zum Lebenshauch, zum schöpferischen Wort, das zu äußern sie aber wohl erst befähigt sein mögen, wenn ihnen ‚geleuchtet' wird. Indes gelangen die ‚Münder' nicht zum Sprechen. Nicht die ‚Münder' leuchten, es ist „eine Hand", eine Schreib-Hand, die, über den Kuss des „ich", mit einer Potenz des Poetischen belehnt wird. Liest man in „Hand" und „Münder" jeweils Schreiben und Sprechen, so ist das Paar „Hand" und Schreiben gegenüber dem Letzteren bevorzugt. Liest man nun weiter in die distanziert wirkende „eine Hand" die Hand der Geliebten hinein, so ist, durch den Kuss des Dichters, ihr ein Auftrag erteilt, den „Mündern" zu ‚leuchten', und zwar mittels des eigenen poetischen Schaffens. Schließlich ist die Geliebte selbst eine Dichterin. Der Kuss auf die Hand besiegelt gleichsam diesen vom Mann initiierten poetischen Bund. –

Noch Anfang Dezember des Jahres 1957, da sie sich in München treffen, übergibt der Mann der Frau ein Konvolut von einundzwanzig Gedichten, darunter auch *Stimmen*, den späteren ersten Teil aus *Sprachgitter*. Es sind Stimmen „vom Nesselweg her", die sich vernehmen lassen: „Komm auf den Händen zu uns. / Wer mit der Lampe allein ist, / hat nur die Hand, draus zu lesen." Der Aufforderung, auf den Händen zu kommen, zu gehn, hängt nichts Erniedrigendes an. Wer auf Händen zu gehen weiß, nimmt den aufrechten Gang nicht als bloße Selbstverständlichkeit und die Befreiung der Hände zur Exteriorisierung der technischen Organe, zur Expansion eines mechanischen Gedächtnisses, sieht er als eine Verirrung an.

Die Bedeutung der Hand, so der französische Paläontologe, sei eng mit dem Gleichgewicht der Hirnregionen verknüpft. Wenn die Menschen verlernen, mit den Händen zu denken, dann büßen sie einen Teil ihres normalen, d.h. phylogenetischen Denkens ein. In einem Brief an die Dichterin vom 11. Juni 1959 äußert der Dichter Skepsis hinsichtlich einer bevorstehenden Poetik-Dozentur, die der Frau in Frankfurt am Main angeboten wurde. Ob man denn Poetik überhaupt dozieren könne, fragt er und vermerkt, im Sinne eines manuellen Ungleichgewichts: „Ich fürchte, die bis in die Fingerkuppen reichenden Seelenfortsätze sind längst bei den meisten wegoperiert, (...)." Gleich anschließend geht er auf eine Doppel-Weltreise in Düsenflugzeugen ein, welche die Dichterin unternehmen soll, um im Auftrag zweier Rundfunkanstalten darüber eine Reportage zu schreiben. Der Mann rät der Frau, eingedenk der phylogenetischen Bedingtheit des Menschen: „(...), flieg nicht zuviel! Du weißt, wir sind ‚chtonisch fixiert'...". –

Zurück zu den Gedichtzeilen. Das Alleinsein mit der „Lampe" und die „Hand", aus der zu lesen ist, fügen sich zu einer Szene der Chiromantik zusammen mit der Frage, was denn aus der Hand gelesen werden könne. Es ist sicher ein Lesen vor aller Sprache; ein Buch kommt in der Szene nicht vor, kein Brief. Gilt die Hand als ein Kräftezentrum, das seine Linien vom Himmlischen empfangen hat, dann versetzt die Lampe, eine Leihgabe des himmlischen Lichts, in den Stand des Lesens. Wer allein ist mit der Lampe, dem ist aufgetragen, wachsam und bereit zu sein gemäß der Bestimmung und Schicksalhaftigkeit, die ihm vom Himmel an die Hand gegeben sind. Es ist ihm aufgetragen, die Hand zum Leuchten zu bringen, zum Denken und in den Wörtern, welche die Hand schreibt, dies Denken aufleuchten zu lassen. –

Nun wirkt die Aussage, die das Gedicht als eine der „Stimmen" vorweist, als Zuruf, sehr pointiert, gleich einem Merkspruch. Ein wie auch immer angestrengtes Lesen aus der Hand setzt voraus, dass die Lampe erhellt, bekanntlich aber, nach einem chinesischen Sprichwort, ist der dunkelste Ort immer unter der Lampe. –

In einem Gedicht, früh aus dem Jahr 1957, vor jenem Treffen in München also, in dessen Umkreis es um Lampen und Hände geht, hat die Frau unter dem Titel *Hôtel de la Paix* Bezug genommen zu ihrem Aufenthalt in Paris im November/Dezember 1956, von dem der Mann nichts wusste. Auch hier eine Lampe, auch hier ein Stürzen. Das Gedicht lautet: „Die Rosenlast stürzt lautlos von den Wänden, / und durch den Teppich scheinen Grund und Boden. / Das Lichtherz bricht der Lampe. / Dunkel, Schritte. / Der Riegel hat sich vor den Tod geschoben." Man kann diese Zeilen, wie der Freund und Kenner des Dichters gezeigt hat, als eine Parodie seiner poetischen Sprache auffassen. Das trifft besonders auf das „Lichtherz" zu, das der Lampe „bricht". Die „Rosenlast", so der Freund, das seien die Gedichte, die da herabstürzen. Die Gedichte, sein „Alles", füge ich hinzu. „Grund und Boden", die durch den Teppich scheinen, haben hier nichts von dem Sog des Abgründigen seiner Gedichte. Vielleicht ist der Teppich ausgetreten oder einfach so gewoben, dass man durch sein Gewebe auf den Fußboden sehen kann. Die Lampe funktioniert nicht; deshalb ist es dunkel, und vor der Tür kann man Schritte hören, denen aber nichts Jenseitiges anhaftet. Der „Riegel", der sich am Ende „vor den Tod geschoben" hat, mag als eine strikte Trennlinie wider das Totenreich der poetischen Sprache des Mannes gedacht sein. Hier, mag die Frau sinniert haben, hier sitze ich in einem Hotelzimmer in deiner Stadt, ohne dein Wissen; ich lege den Riegel vor und schotte mich ab; deine weltabgewandte Wiedererweckungssprache der Toten kann mir gestohlen bleiben. Doch solche Resolutheit des Widerständigen ist nur scheinbar, sonst bedürfte es dieses Gedichts nicht. Solche nicht nur poetischen Versuche der Selbstbehauptung der Frau hat es öfter gegeben. Dass sie nicht kontinuierlich zu einer Distanzierung führten, sondern einen Prozess mit Brüchen vorführten, zeigt nicht zuletzt die erneute Annäherung in München im Dezember 1957 mit der Verwicklung in Diskurse um Lampen, Leuchter und Hände. –

Ein knappes Jahr später, Ende Oktober 1958, hat sich die Frau dazu entschlossen, München zu verlassen und mit einem Schriftsteller zusammenzuleben, den sie im Januar kennengelernt hat. Der Mann in Paris weiß bereits davon; die Frau hat es ihm in einem Brief geschrieben und die Frage nach einem Wiedersehen gestellt: „Wann kommst du? Soll ich irgendwohin kommen? Kommst du zu mir? Sag! Ich kann es offen tun und werde es immer dürfen, (...)." In einem Antwortbrief geht der Mann auf dies Fragen nicht ein, und die Frau bittet ihn, einen Brief später: „Entzieh mir deine Hand nicht, (...)." Allmählich aber werden die Hände sich jetzt voneinander entfernen. Die Treffen werden seltener, oft mit anderen Beteiligten noch, jedenfalls sind es keine Liebesbegegnungen mehr.

Ende November 1960 sehen der Mann und die Frau sich zum letzten Mal. Die Hand der Freundschaft, die ihm die Frau angeboten hat, wehrt er ab. Er kann seiner eigenen Hand nicht trauen, wenn die fremde des ‚Freund' Genannten nach ihr greift. Bei diesem Griff könnte sie in Nichts zerfallen und damit dem Anderen als Beweis dazu dienen, dass sie vorab schon nur zum Schein bestanden habe in ihrer Geste der Hilfsbedürftigkeit, die Schein-Hand, die Nicht-Hand als ein Plagiat der Hand, einer Hand im Totenreich der Worte.

Aus Hart Cranes Hand-Episoden

Siebzehn oder achtzehn Jahre alt mag der Dichter sein, als er zwischen 1916 und 1918 die Verse zu einem Gedicht verfasst, das den Titel *Meditation* trägt. Es besteht kein Zweifel, dass die Zeilen ihm zur Vorlage gedient haben für den späteren konzisen Text, *A Persuasion* betitelt, der im Jahr 1921 zur Veröffentlichung kommt.

Alle drei Strophen von *Meditation* beginnen mit einer anaphorischen Setzung der Zeile „I have drawn my hands away". Was jeweils dies Weggezogenhaben der Hände bewirkt hat, ursächlich wie in der Folge, spreizt das Gedicht dreifaltig auf. „I have drawn my hands away / Toward peace and the grey margins of the day". Das Wegziehen der Hände, hin zu etwas anderem, zu Friedfertigem und den grauen Randzonen des Tages.

Wovon die Hände abgezogen werden, steht dem Anderen zuwider: Unfrieden nämlich, inmitten des Tags. Nun ließe sich bei dieser Bewegung an einen Abbruch der Geschäftigkeit denken, die im Alltag mit den Händen einhergeht. Hände entziehen sich und wenden sich anderem zu. Was solchen Händen eignet, ist das Eingedenken, das an den grauen Rändern des Tages statt hat und zu denen sie hinführen. ‚Grau' deshalb, da sie nicht von ungetrübtem Glück künden, genauso wenig aber von der Schwärze des Todes. ‚Grau' auch, da sie von vielen nicht beachtet werden, Ort ohne Umtriebigkeit, wo keine Entscheidungen getroffen, wo keine Karrieren befördert werden.

Der Regen, mit dem das Grau assoziiert ist, figuriert dann auch als Vergleichsparameter für ‚eitle Hoffnungen' und ‚verlornes Bedauern': „The andante of vain hopes and lost regret / Falls like slow rain that whispers to forget, –". Alles ist milde und entschleunigt in diesem friedfertigen Grau. Jenes „andante", das wie Regen fällt, ist zugleich „Like a song that neither questions nor replies / It laves with coolness tarnished lips and eyes." Die sanfte Aufforderung der langsamen Musik, zu vergessen, „to forget", zielt ab auf das Unfriedfertige, in dessen Sog wir mit unseren geschäftigen Händen geraten sind und dem die eitlen Hoffnungen wie die geschwundene Reue, der Mangel an Bedauern entsprießen. –

Die weggezogenen Hände zu Beginn der zweiten Strophe wiederholen nicht einfach eine Geste des Anfangs. Sie heben sie in sich auf, potenzieren sie in ihrer Entschiedenheit. Die Hände sind nun ganz direkt auf eine Berührung aus, „At last to touch the ungathered rose." Die ungepflückte Rose also, die noch nicht der menschlichen Vernutzung zum Opfer gefallen ist. Und dann die Beschwörung des glücklichen Augenblicks, er möge verweilen; man kennt das: „Oh stay, / Moment of dissolving happiness!" Die Nacht ist schon heraufgekommen, mit ihr der für ihre Musik verantwortliche, rätselhafte „night's chorister". Vom Mond, dem deutlich noch Pflanzliches anhaftet, als sei er ein von der Erde entkoppelter Blütentrabant, ein „jasmine moon", hat der nächtliche Chorsänger bereits ein Blütenblatt abgestreift, und der Reiher wird so bald schon vorübergegangen sein. –

In der dritten Strophe schließlich ist mit den weggezogenen Händen eine Öffnung bedacht, durch den Sternenraum. Die Hände sind verglichen mit im kosmischen Raum navigierenden Schiffen, welche von den Sternen zu einem unbekannten Ziel gelenkt werden, „Like ships for guidance in the lift and spray / Of stars that urge them towards an unknown goal." Die entschiedene Kraft des Wegziehens der Hände von den alltäglichen Händeln wird nun, so scheint es mir, gänzlich von einer kosmischen Kraft absorbiert, an der sie, als Entscheidungskraft, schon teil hatte; von jetzt an sind die Hände vollends aufgehoben, ja zurückgenommen in die menschliche Seele, die sich auf das hin geöffnet hat, was der Philosoph einmal ‚universal soul', ein andermal ‚over-soul' genannt hat. Anstelle der „guidance" tritt jetzt ein Sich-treiben-lassen oder gar ein Getrieben-werden: „Drift, o wakeful one, o restless soul, / Until the glittering white open hand / Of heaven thou shalt read and understand."

Im Lesen und Verstehen der offenen Hand des Himmels ist dem Treiben ein Ende gesetzt. Was diese Hand allerdings zu lesen gibt, ist nicht durch Zeichen vermittelbar, die entziffert, verstanden und deren Botschaft dann mitgeteilt werden könnte. Die Himmels-Hand strahlt aus in ihrem glänzenden Weiß, das dem Lesenden ‚einleuchtet', unmittelbar; das Lesen wird schon das Verstehen sein. Eine Losung, vielleicht eine Weisung des Himmels, der himmlischen Hand, welche die Menschenseele nicht direkt leiten wird, sie vielmehr mittels eines ungeschriebenen Gesetzes zum rechten Leben anweist. Oder aber ein imaginierter Hort des Himmlischen, ein Zuhause, das, im Lesen und Verstehen der offenen Hand, das Erdenwesen gleich dabehält, die Seele nicht mehr zurück lässt in ihre irdische Bahn. –

Das im Frühjahr 1921 entstandene und im Herbst desselben Jahres dann auch vom Dichter veröffentlichte Gedicht *A Persuasion*, für das *Meditation* eine Folie abgibt, wartet am Ende mit keiner offenen Hand mehr auf. Das ‚Ich' ist in ein „she" gewandelt. Die erste Strophe lautet: „If she waits late at night / Hearing the wind, / It is to gather kindnesses / No world can offer." Freundlichkeiten haben der Tag und überhaupt die Menschenwelt nicht zu bieten – und ich lese aus dem, was die Welt nicht zu bieten vermag, das, was den Worten der Menschensprache abträglich ist, das, was ‚no *word* can offer'. Die Figuration einer weiblichen Abgeschiedenheit ist in die Nacht versetzt, und das Warten geht einher mit dem Hören des Windes, der Erwartung, daraus weltferne Freundlichkeiten zu empfangen.

Hier geht es nicht, wie in dem drei Jahre später uraufgeführten Monodram *Erwartung* des deutschen Komponisten, um eine Frau, die, verlassen, in ein alptraumhaftes Selbstgespräch verwickelt, sich in den nächtlichen Wald begibt, um ihren Geliebten zu suchen. Der Wind im Gedicht jedoch ist kein Überbringer reiner Glücksmomente. Im Rückgriff auf das Gedicht *Meditation* heißt es: „She has drawn her hands away. / The wind plays andantes / Of lost hopes and regrets, – / And yet is kind." Was dort dem Geräusch des Regens gebührte, seinem ‚Flüstern', das ist hier dem Spiel des Windes zugeschrieben. Es ergeht indes an jene „she" keine Aufforderung zum Vergessen mehr. Auch eine transzendente Aufwärtsbewegung bleibt aus. Kein Wehklagen. Wenn „lost hopes and regrets" sich jenen Freundlichkeiten eingepasst haben, dann ist damit die Eingebung wie ein stilles Einverständnis bekundet, selbst Teil eines schicksalsmächtigen Naturverlaufs zu sein, wogegen aufzubegehren nur ein Indiz egoistischer Verirrung wäre. Das zeigt auch die Wahl des Personalpronomens in der dritten Person, „she", an, in dem die dramatisch überfrachtete Unmittelbarkeit des maskulin identifizierten „I" in *Meditation* zurückgenommen ist. Die Frau, so kommt es mir vor, ist von vornherein schon gesetzt als die Entrückte, Fremde gegenüber dem in Kämpfe verstrickten männlichen Ich, das sich dreifach vergewissern muss: „I have drawn my hands away". –

Das Gedicht schließt mit den Versen: „Below the wind, / Waiting for morning / The hills lie curved and blent / As now her heart and mind." Der Vergleich der ineinander übergehenden Hügel mit der Übereinkunft, vielleicht auch der Versöhnung von Herz und Verstand bestärkt nicht nur einen inneren Frieden, sondern gleichfalls die Eingebundenheit des Einen, des Partikularen, in ein Ganzes der Naturerscheinungen. Nun ließe sich von Eskapismus oder von Klausnerei reden, doch Herz und Verstand spielen ineinander, sind besänftigt, zeitweilig – „now".

Der Morgen bricht an, und gewiss werden die Hände, die von Aktivitäten zurückgezogen waren, wieder einer Beschäftigung nachgehen, in Händel der Arbeitswelt verstrickt sein. Das Gedicht propagiert demnach keine asketische Übung als Einweisung in ein künftiges Eremitendasein. Das „if" zu Beginn öffnet die Episode auf das Mögliche hin, wie das „now" am Ende eine Frist heraufbeschwört. Was jetzt ist, wird nicht für immer währen. Die einträchtig besänftigende Selbstvergewisserung setzt stets voraus, dass die Hände ruhen im Rückzug und das aufmerkende „she" der vernehmlichen Rede des Windes überantwortet ist. –

In dem zu Lebzeiten des Dichters nicht veröffentlichten Gedicht aus dem Jahr 1920, *Episode of Hands*, ist der Rückzug der Hände aus der Geschäftigkeit einer Verletzung während der Arbeit geschuldet. Anders als bei *A Persuasion* und *Meditation*, wo die zurückgezogenen Hände mit einer spirituellen Erquickung auch eine Entrückung des Einzelnen initiieren, rückt hier eine Begegnung mit der versehrten Hand in den Blickpunkt des Interesses. Das Gedicht setzt ein, da die Wunde schon klafft und blutet. Es ist eine unerwartete Zuwendung, die der Betroffene erfährt, die ihm das Blut in den Kopf schießen lässt und sein Schmerzempfinden abzuziehen scheint. „The unexpected interest made him flush. / Suddenly he seemed to forget the pain, – / Consented, – and held out / One finger from the others."

Der Reflex, einen Finger vorzustrecken, mag auf den Schmerz zurückzuführen sein. Das Herausstrecken des Fingers, nicht die Deixis eines bestimmenden Zeigens auf einen Gegenstand, weist nirgendwohin, es zeigt sich als ein Bezug auf sich selbst, darauf, dass die eigene körperhafte Umgebung verletzt sei. Die ästhetische Aufmerksamkeit, die der Wunde zuteil wird, schiebt sich vor jeglichen Impuls zur Hilfeleistung. Es ist dieser ruhende Moment des Nichtstuns, der eingespannt ist zwischen der zur Arbeit nicht mehr fähigen, hilfsbedürftigen Hand, deren Finger der Verletzte reckt, und den noch nicht hilfsbereit handelnden Händen des Anderen, des faszinierten Betrachters. Diesen Augenblick füllt hier kein Wind an. Bevor Hände die Hand berühren, sendet die Sonne einen Strahl in die blutende Wunde, der durch ein zur Fabrikanlage gehörendes Räderwerk in ein Glitzern gebrochen wird. „The gash was bleeding, and a shaft of sun / That glittered in and out among the wheels, / Fell lightly, warmly, down into the wound."

Die geübten Finger des Anderen, Sohn des Fabrikbesitzers, die fest zupacken können, die sportiv sind und denen das Denken noch nicht abhanden gekommen ist, werden die verwundete Hand verarzten. Es sind Finger „That knew a grip for books and tennis / As well as one for iron and leather, –". Nicht allein werden durch die Verletzung der Arbeiterhand Klassengegensätze eingeebnet. Wärme und Lichtfülle der Sonnenstrahlen üben nicht allein unmittelbar eine den Schmerz aussetzende, ja vergessende Wirkung aus. Sie befördern die Anregung der Einbildungskraft des handfertigen Fabrikbesitzersohnes. „As his taut, spare fingers wound the gauze / Around the thick bed of the wound, / His own hands seemed to him / Like wings of butterflies / Flickering in sunlight over summer fields." Die Wunde, „the wound", und die fingernde Tätigkeit des Windens, „fingers wound", beim Verbinden, die buchstäbliche Identität des Wortkörpers ‚wound' bei unterschiedlichem Wortklang und differenten Bedeutungsfeldern kommt mittels einer Blendung oder, genauer, einer Überblendung durch die Strahlkraft der Sonne zustande. Die Wunde, in die bereits die Sonne ihre Strahlkraft hat einfallen lassen, strahlt nun selbst aus auf die Hände des Anderen und beflügelt, indem er den Verband anlegt, seine Phantasie.

Die Ausstrahlung der sonnenbeschienenen, verwundeten Hand setzt eine Potenz des Scheins frei, die für die Schönheit des handgefertigten Verbands verantwortlich zeichnet. Die eigenen hilfreichen Hände „seemed to him / Like wings of butterflies" und das Werk seiner Hände an der Hand des Anderen, „The knots and notches, – many in the wide / Deep hand that lay in his, – seemed beautiful." Es ist die umwickelte Hand, als sei sie das vollendete Kunstwerk, diese so verpackte, veredelte Hand des Arbeitens, die in seiner Hand liegt und Ruhe und Vergessenheit ausstrahlt. Keine Fabrikgeräusche, die wahrgenommen werden, keine Fabrikgedanken.

„And as the bandage knot was tightened / The two men smiled into each other's eyes." Nach Beendigung der Hilfe- und Kunstleistung gibt das beiderseitige Lächeln der Männer ein Wissen kund, das der Worte nicht bedarf. Es ist, als leuchte in diesem Lächeln die hypnotische Energie der ganzen Episode fort und ein. Im Grunde ist es ja eine banale Situation, bei der es genauso gut hätte zu einer nüchtern-prosaischen Reaktion kommen können. Fabrikbesitzersohn eilt Fabrikarbeiter zu Hilfe, weil der sich an der Hand verletzt hat. Man kann sagen, es sei das Bild der Szene, die das Gedicht komprimiert, das die beiden männlichen Teilnehmer gefangen nimmt und eine ‚Liebe auf den ersten Blick' nachstellt. Die Episode wirkt alles in allem erhebend mit ihrer Durchbrechung des Fabrikgetöses und der Arbeitsabläufe auf dem Gelände; mit dem Vergessen des Schmerzes durch die unerwartete Aufmerksamkeit, die dem Subjekt, dem Eigner der Wunde und der Hand als ihrem Träger beschieden ist; mit dem Einsetzen der lichten Imaginationen dessen, der mit seiner helfenden Hand zur Stelle ist. Erst die Wunde an der Arbeiterhand initiiert die Episode und schließlich das Lächeln, das eine Verbundenheit bekundet, die im Verband ihr getreues Abbild hat. Über diese episodenhafte Nähe hinaus ist keine Folge verbürgt. Wie schon für *A Persuasion* gilt auch hier: was jetzt währt, wird nicht auch forthin dauern. Eine Konsequenz zeitigt die Episode nicht.

Aus John Keats' lebendiger Hand

Das nachgelassene Gedicht des englischen Dichters *This living hand*, entstanden vermutlich im Jahr 1819, sei der exemplarische Ausdruck für ein posthumes, dem Schreiben ergebenes Leben, so einer der Interpreten. Insbesondere kündige das Gedicht den Tod des Lesers an: damit die Hand weiterleben könne, müsse der Leser sein Blut lassen. Ich muss dabei sofort an Vampirismus denken und frage mich, was das mit der Hand auf sich hat, der „living hand". Und es ist ‚diese' Hand, „*this* living hand", nach der gefragt werden muss.

Das Gedicht, in seiner Gänze, lautet: „This living hand, now warm and capable / Of earnest grasping, would, if it were cold / And in the icy silence of the tomb, / So haunt thy days and chill thy dreaming nights / That thou wouldst wish thine own heart dry of blood / So in my veins red life might stream again, / And thou be conscience-calm'd – see here it is – / I hold it towards you." Die Deixis des Pronomens „this" führt eine bestimmte Hand vor, die in ihrer Lebendigkeit anwesend ist, doch ist sie nicht fassbar, wenngleich ausgewiesen als fähig, selbst fassen zu können, und zwar in aller Aufrichtigkeit – „earnest grasping".

Der Dichter vermeidet es, von ‚seiner' Hand zu sprechen, es heißt nicht ‚my hand'. Die unsichtbare Hand, auf die mit Fingern, die gleichwie dem Unsichtbaren entstammen, gezeigt wird, wirkt als verselbständigte, vom Restkörper abgetrennte Funktionseinheit. Der Vermerk zur Fähigkeit der Hand, selbst nicht greifbar, greifen zu können, vermag dem Eindruck nicht entgegenzusteuern, ‚diese' Hand sei etwa ein unheimliches, von fremden Mächten geleitetes Ding, das einer Schauergeschichte entlehnt ist. Setzt man den Akzent auf das Attribut „earnest", dann mag damit auch impliziert sein, dass es eine andere Art des Greifens gibt, die der Hand zugedacht werden kann, eine minder aufrichtige, weniger ehrliche Art. Ob Letztere mit der Tätigkeit des Schreibens in Verbindung gebracht werden könnte, sei vorerst dahingestellt. Die Wendung „earnest grasping" jedenfalls erlaubt den Schluss auf Verlässlichkeit, einen Händedruck womöglich, der Verbindlichkeit signalisiert.

Die Phantasie, die mit dem Konditional „would" einsetzt und die metonymische Hand in der eisigen Stille des Grabes vorführt, bindet ein Du ein, „thou", das im Kältefall von dieser Hand heimgesucht würde. Der Kälteschub, so die Vorstellung weiter, würde diesem Du solche Unannehmlichkeiten bereiten, dass es sein Herz, genauer sein Herzblut hergäbe, nur damit die Venen der Hand des Anderen wieder mit Leben durchpulst werden könnten. Ein Herz, „thine own heart", Zentrum des Gefühls und der Vernunft, der Sitz des Glaubens, für die Wiederbelebung einer Hand. Erst jetzt setzt der Dichter das Possessivpronomen, „my veins", und doch ist von ‚my hand' nicht die Rede.

Die Hand, das, was sie schafft, stellt eine gesetzmäßige Instanz vor, wogegen weder jenes Du noch der Eigner der Hand, der Dichter selbst, etwas vermag. Es ist auch nicht so, dass jenes Du sich, der Phantasie gemäß, vollends opfern müsste für die Handfertigkeit des Anderen. Schließlich würde die Hingabe des Herzens zu einer Beruhigung des Gewissens führen, „thou be conscience-calm'd". Das „see here it is – / I hold it towards you" deutet weniger auf die Hand selbst, die noch lebendige, denn sie ist unsichtbar, als auf das, was sie geschaffen hat, das Gedicht, die Zeilen, die, lesbar, dem Du entgegengehalten werden.

Man mag jetzt aus diesem Du den Leser im Allgemeinen herausdestillieren, der sein geistiges Potential einsetzt, um die poetische Kraft des Textes im Akt des Lesens zum Leben zu erwecken. Doch neige ich eher zu einer nicht am Allgemeinen des Lesers ausgerichteten Lesart. Man kann in dem Gedicht einen Akt der Erpressung ausmachen, der ein Du, ein weibliches Du, gleichsam vertraglich einbindet in ein ‚blutiges' Diktat. Da die Schaffenskraft der Hand abhängig ist von der herzblutenden Zuneigung des weiblichen Du, ergeht an es folgende Rede: Falls du, Geliebte, mir dein Herz entziehst, wird das einem Mord gleichkommen, es wird meine Hand erkalten, sie wird erstarren und fortan dir keine Ruhe mehr lassen, ein Kainszeichen deiner Schuld. Bist du aber allzeit bereit, dein Herz an meine Hand zu verpfänden, so lies und unterzeichne diesen Vertrag, „see here it is – / I hold it towards you", mit deinem Blut, wie ich ihn aufgesetzt habe mit meiner schwarzschmerzgetränkten Tinte. – Diesem Vertrag ist die Kraft des „earnest grasping" beigesellt, eines imaginären Handschlags, der den Bund besiegelt. Es ist ein Zugriff mit entschiedenem Ernst, aus dem es kein Entrinnen gibt, am allerwenigsten für den Schreibenden selber.

Aus Anne Sextons entfernten Händen

Die Vision einer Hand, der eigenen Hand, weggesperrt, gefangen gehalten in einer Zinnbüchse. Ein Ort der Gefangenschaft, welcher der Eignerin der Hand nicht vollends verschlossen bleibt. Sie mag einen Blick richten in das Behältnis, um nachzusehen, wie die Hand darin sich befindet. Was aber, so die Frage, hat zur Entfernung der Hand, zu ihrer Verwahrung in einem abgetrennten Raum geführt? Keine Frage. –

Das Gedicht *The Touch* steht am Anfang des Bandes *Love Poems*, den die amerikanische Dichterin im Jahr 1969 veröffentlicht hat. Die ersten Verse eröffnen jenes visionäre Gebilde: „For months my hand had been sealed off / in a tin box. Nothing was there but subway railings. / Perhaps it is bruised, I thought, / and that is why they have locked it up. / But when I looked in it lay there quietly."

Die Wahl des Tempus der Vorvergangenheit zeigt immerhin an, dass die Internierung der Hand nicht auf Dauer geschah, so schwer das ihr anhaftende Vergehen auch gewesen sein mag, denn sonst hätte man sie nicht hinter Schloss und Riegel gebracht. Dass sie unter Verschluss ist, „locked up", weckt erst eine Achtsamkeit oder Besorgnis, die ein Sehen initiieren, das unter gewöhnlichen Umständen keinen Impuls erfahren hätte. Die Wendung „locked up" ist über eine Lautverschiebung komplementär an die Aktion des „I looked in" gebunden: ohne Verwahrung kein Blick hinein in die Verwahrungsstätte.

Zu dieser, der „tin box", fallen mir Truhen ein, die auf dem Dachboden stehen und allmählich vermotten, mit Spinnweben überzogen zustauben. Darin haben Dinge ihren Platz, die nicht länger gebraucht werden, die wegzuwerfen man sich aber noch nicht getraut hat. Eine Hand indes in der Kiste, unnütz geworden, ausrangiert, nicht zu gebrauchen, ja schädlich sogar, gefährlich mitunter für die anderen. Auch an geschlossene Anstalten muss ich denken, fern von für alle sichtbaren Orten sozialen Handelns. Kein Wunder, dass die Vergitterung, „railings", unter der Erde verlaufen.

Die Annahme, dass eine Quetschung oder blaue Flecken, eine sichtbare Beeinträchtigung der Funktionsfähigkeit der Hand, ihre Verwahrung veranlasst haben könnte, bestätigt sich nicht, denn „it lay there quietly", ohne sichtbaren Schaden. Es ist diese Ruhe, Reglosigkeit auch, welche beim Anblick der Hand die Vorstellung einer Uhr evoziert. „You could tell time by this, I thought", notiert die Dichterin, „like a clock, by its five knuckles / and the thin underground veins." Die Hand als Zeitmesser, und das umso mehr, da im Englischen nach dem Sinn einer habitualisierten Metapher der Uhrzeiger als Hand, ‚hand of a clock', organisiert ist. Die Zeit als in ihrer räumlich begrenzten Ausdehnung der zinnenen Dose eingelegte Hand. Die Hand als vom Kontinuum des Zeitverlaufs abgetrennter Zeitkörper, ein Zeitsegment außerhalb der Zeit, ‚zeitlos'.

Die „underground veins", zusammen mit den beiden die erste Strophe abschließenden Zeilen – „It lay there like an unconscious woman / fed by tubes she knew not of" – bringen die Frage der geschlechtlichen Differenz auf den Plan. Genauer gesagt ist es gar keine Frage, es steht außer Frage, die Hand liegt da wie eine bewusstlose, ohnmächtige, ahnungslose Frau, die eben nicht weiß, wie ihr geschieht, die am Tropf des Lebens hängt; „it lay there quietly": Ohnmacht und Ahnungslosigkeit geben nach außen hin den Anschein, als sei nichts geschehen, als sei alles in bester Ordnung. Die visionäre Exteriorisierung und Hospitalisierung der Hand als einem *membrum disiectum*, wider allen Anschein des Sehens, erlaubt es schließlich, den Blick auf das

Zeitsegment zu heften und die Vorgeschichte der Hospitalisierung zu erzählen. –

Die zweite Strophe des Gedichts hebt an mit der Erzählung dieser Geschichte. „The hand had collapsed", heißt es, „a small wood pigeon / that had gone into seclusion." Eigentlich sei das keine Geschichte, und schon gar kein Erzählen, wird man einwenden, sondern allenfalls ein Deklamieren, Konstatieren. Die Hand hat also einen Zusammenbruch erlitten, und mit ihrer Verwandlung in eine kleine Waldtaube gehe die Abgeschiedenheit einher. Die in einen friedfertigen, aber ‚toten' Holzvogel transformierte Hand, denn ‚wood' meint ja eben den Wald wie auch das Holz, ist abgeschnitten von den Aktivitäten des Alltagslebens, genauer, sie ist ausgeschnitten, eine Holzschnittarbeit, sie ist ohne Handhabe, überhaupt handlungslos. Ein Vogel, der nicht fliegen kann, ein harmloses Spielzeug, holzerstarrter Gram und Schmerz in einer Box.

Dann wieder kein Vogel mehr, wieder handhaft und, scheinbar, handfest, denn die Hand kann umgekehrt werden, der Handrücken kann auf den Rücken gedreht werden, so dass das Innere sich zeigt: „I turned it over and the palm was old, / its lines traced like fine needlepoint / and stitched up into the fingers." Diese Hand, die weder eine hölzerne Taube ist noch überhaupt eine Hand, eine Nicht-Hand, ein Hand-Nichts, diese Hand voller Verweisungszusammenhänge ist Flickwerk der textuellen Phantasmagorie; darauf wird zurückzukommen sein.

Die Nähte zeugen von dem Alter des Hand-Inneren, die Nadelstiche von einer operativen Folge, die ihrerseits auf jenen Zusammenbruch zurückverweist. Die zweite Strophe schließt dann mit den Worten: „It was fat and soft and blind in places. / Nothing but vulnerable." Die Attribute „fat", „soft" und „blind" stehen ein für die Beschaffenheit der Hand nach dem Kollaps und der daran sich anschließenden Phase der Hospitalisierung.

Die Hand hat Schaden genommen, an manchen Stellen ist sie aufgedunsen, hier ist sie dünnhäutig, dort gibt es blinde Flecken – „in places". Da sind Prozesse im Gang, bei denen eines gewiss ist: der instabile Status der versehrten Hand ist ihre stete Verletzbarkeit.

Man kann sagen, dass, gemäß einem Wort des Straßburger Philosophen, wonach die Körper eine klaffende Wunde seien, die sich nie mehr schließt, die versehrte, abgetrennte Hand ein synekdochisches *pars pro toto* dieser Wund-Körper sei, ein abtrünniger Körper-Teil, dessen Geschichte von vornherein geschlagen ist mit dieser Wunde, die fortan in Metastasen ihre Schmerzblüten treibt. Das, jedenfalls Ähnliches, muss auch der Dichterin bewusst gewesen sein, wenn sie zu Beginn der dritten Strophe resümierend feststellt: „And all this is metaphor. / An ordinary hand – just lonely / for something to touch / that touches back." Die emphatisch-metaphorische Hand-Lese soll ihr jetzt einer Enthüllung zum Gewöhnlichen weichen. Es geht um das Bedürfnis einer gewöhnlichen Hand nach einer Berührung, selbst zu berühren und berührt zu werden.

Aus dem Zeilenbruch des „ – just lonely / for something to touch" lese ich die Abgetrenntheit dieses Einsamen („lonely"), dem eine Berührung des „something" in der Folgezeile auf immer verwehrt bleiben wird. Gar zu vereinsamt ist diese Hand, als dass es zu einer Berührung, womit oder mit wem auch immer, kommen könnte. Dabei ist ja dieses „something" nicht notwendigerweise an ein menschliches Wesen gekoppelt. Auch an einen Hund wäre zu denken, der tatsächlich als erstes Wesen im Gedicht aufgerufen wird, doch das Tier folgt seiner eigenen Triebstruktur. Da ist so wenig zu erwarten wie von den weinenden Schwestern oder dem in seine Arbeit verstrickten Vater. Im Einsamen („lonely") west das Verlangen an, ‚the longing' – ‚just longing / for something to touch'.

Was den Hund, die Schwestern und den Vater so antreibt, führt zu einer empfindlichen Störung des gestischen Apparats; von einer „ordinary hand" kann dann keine Rede mehr sein, wenn man bedenkt, dass die Seelenfortsätze bis in die Fingerkuppen reichen. „The trouble is / that I'd let my gestures freeze", bekennt die Dichterin. Die eigenen Gesten gefrieren zu lassen – "let" –, das zeugt noch von einer Kontrollmöglichkeit, von der Eigenmächtigkeit, die Gesten lenken zu können. Mit der Erstarrung aber ist die Ohnmacht der Hand, ihre Hospitalisierung, von der die ersten beiden Strophen künden, vorgezeichnet. Dass das Zentrum der Störung ausschließlich im Kopf liege, wie die Dichterin betont, „only in my head, my head", bezeugt den regressiven Status der Hand. –

Mit der letzten Strophe ist dann eine Phase der Erneuerung, die Ära der aus ihrer Regression befreiten Hand heraufbeschworen, die als Gegen-Geschichte zur Vision der Hospitalisierung initiiert wird. „Then all this became history", heißt es. Keine Exteriorisierung der Hand mehr, keine Versehrtheit, keine Erstarrung, kein Hund mehr nötig, die Schwestern nicht und der Vater nicht – „all this". „Your hand found mine": man erinnert sich, *The Touch* ist ein Liebesgedicht, und die Vermutung liegt nahe, dass mit „your hand" die Hand des Retters, des Erlösers gar, angesprochen ist mit ihren heilenden Kräften. Mit ‚deiner Hand', die ‚meine Hand' ‚findet', beginnt ein Prozess der vitalen Erneuerung: „Life rushed to my fingers like a blood clot."

Was sich bis dahin wie ein euphorischer Effekt des Verliebtseins ausnimmt, erfährt durch die Anrufung des Eigners jener heilenden Hand eine Wendung. Anstelle der Nennung des Geliebten verfügt das Gedicht die Antonomasie des ‚Zimmermanns': „Oh, my carpenter, / the fingers are rebuilt. / They dance with yours."

Es ist die Aufgabe des Zimmermanns, des Hand-Werkers, die einzelnen Glieder der Hand instand zu setzen, und es ist ‚mein Zimmermann', „my carpenter". Der Retter, der mit seiner Hand arbeitet und heilt, ist die Verkörperung des Heiligen/Heilenden Geistes, dessen Sohn er ist, als Zimmermann. Die Berufung zum Zimmermann zeugt nur von der tradierten Weitergabe des Berufs jenes Mannes, der unter natürlichen, biologischen Umständen sein Vater gewesen wäre. Der Tanz der restaurierten Finger mit denen des Restaurators mag ein erster Ausdruck der wiedergewonnenen oder der überhaupt einmal erreichten Lebensfreude sein. Dass der Zimmermann darauf ausscheidet, nimmt nicht wunder – er hat das Wunder vollbracht, die Wunden sind geheilt. Die Wunden, aber nicht die Wunde. Diese besteht fort, doch das Hand-Werk des Zimmermanns hat den *Geist* der Hand, der zuvor kollabierten Hand erweckt, es hat die Hand zum Handeln inspiriert. Dieses Handeln oder, allgemeiner, die Lebendigkeit der Hand nimmt sich in ihrem Gestus überschwänglich aus. Die Finger „dance in the attic and in Vienna". Solch ein Tanz ist bei weitem kein Tanz der Befreiung. Es ist ein entfesselter Tanz, der sich stellt – dem Ort des Speichers („the attic"), wo die zugestaubten, verschlossenen Kisten herumstehen mit ihrem Plunder, und der Wirkungsstätte des Erfinders der Psychoanalyse.

Und dann: „My hand is alive all over America. / Not even death will stop it, / death shedding her blood." Die Unsterblichkeit der Wunde im Werk der Hand, das ist es, was das Hand-Werk des Zimmermanns bewirkt hat. Das Werk der Hand, ihr Flick-Werk, besteht im Entschreiben der Wunde und über den Tod der Hand hinaus in ihrer Entschriebenheit. „Nothing will stop it, for this is the kingdom / and the kingdom come." So lauten die abschließenden Zeilen des Gedichts. Das Reich, das sie nennen, ist schon da, nicht das Reich Gottes und kein Tausendjähriges Reich. Es ist ein Reich der Worte, ein Werk kraft der restaurierten Hand. Das Reich, das da ist, kommt zugleich, es möge kommen.

The Touch ist, wie gesagt, das erste Gedicht einer Reihe von *Love Poems*, die seiner Inauguration folgen. – Zwei Jahre nach den *Love Poems* erscheinen die *Transformations*, allesamt Gedichte, die sich als Repliken auf populäre Märchentexte ausnehmen. Darunter befindet sich *The Maiden Without Hands*, dem Titel nach eine Anbindung an die deutschsprachige Vorlage *Das Mädchen ohne Hände*.

Einem Müller, so die Geschichte, verspricht der Teufel Reichtum, sofern er ihm überlässt, was hinter seiner Mühle steht. Der arglose Mann denkt dabei an seinen Apfelbaum, willigt ein und ahnt eben nicht, dass gerade seine Tochter hinter dem Haus den Hof kehrt. Als der Teufel das Mädchen mit sich nehmen will, sucht es ihn von sich fern zu halten, indem es sich reinwäscht. Da ihr auf Befehl des Bösen alles Wasser weggenommen wird, weint sie auf ihre Hände, die ihr dann der Vater, zur Rettung aus seiner eigenen Not, abhaut. Schließlich weint sie auf die Stümpfe, und der Teufel verliert, nach seinem dritten Anlauf, alle Macht über sie. Das Mädchen schlägt die väterliche Unterstützung aus und zieht fort. Es gelangt des Nachts in einen königlichen Garten, wo es mit Hilfe eines Engels eine Birne vom Baum isst. Während der zweiten Nacht ist der König, von seinem Gärtner über die wundersame Erscheinung unterrichtet, selbst zugegen. Er beschließt, das Mädchen, das sich von allen verlassen wähnt, nur von Gott nicht, zu sich zu nehmen ins Schloss, „und weil sie so schön und fromm war, liebte er sie von Herzen, ließ ihr silberne Hände machen und nahm sie zur Gemahlin." Soweit die Geschichte des Märchens. –

Diese Heirat, die Beweggründe des Königs dazu sind es, welche die Dichterin in *The Maiden Without Hands* eingangs zur Disposition stellt. „Is it possible", fragt sie, „he marries a cripple / out of admiration?" Bewunderung – auch wenn der Märchentext das Wort nicht nennt, nur von ‚Schönheit' und ‚Frömmigkeit' als Liebesgründen spricht, ist es die wundersame nächtliche Szene im Garten mit dem „Engel im weißen Kleide", die dem König das Mädchen so vorstellt, dass er verwundert ist, sich wundert ob einer solchen Erscheinung und daraus womöglich eine Bewunderung erwächst. Letztere gründet jedenfalls, wenn überhaupt, auf der Verwunderung, dem, was das Wundersame, dessen Zeuge er wird, bei ihm auslöst.

Die Frage „is it possible", die einen nicht weiter wundern muss, die in sich bereits die Bejahung birgt, liest kommentierend aus dem Märchen ein Argwohn erregendes Benehmen der Männer heraus. Die Dichterin schreibt dem Mann/König ein Begehren zu, das darauf aus sei, einen versehrten, verstümmelten Körper in seine Obhut zu nehmen, nur um seine eigene Ganzheit, seine Unversehrtheit zu schützen. Sie schreibt ihm eine Angst zu vor den Frauen, „one of us butchers", die seine vorgebliche und maßgebliche Ganzheit gefährden könnten. Es ist bekannt, dass der Erfinder der Psychoanalyse das Abhauen der Hand als einen Ersatz für das passive Genital des Mannes dem Kastrationskomplex angenähert hat. Im Märchen vom Mädchen ohne Hände wäre demnach dem Mann ein Wesen der zweifachen Kastration gegenübergestellt: von Geburt an schon ‚entmannt', und darüber hinaus vom Vater nach des Teufels Geheiß amputiert.

Die Begierde des Teufels, im Gedicht als „the wizard", als ‚Zauberer' also, eingeführt, entfacht, nach Ansicht der Dichterin, erst die Amputation so recht, wenn es heißt: „The maiden held up her stumps / as helpless as a dog's paws / and that made the wizard / want her." Was hier als Begierde des Mangels gelesen wird, gibt sich im Märchen als Rage, des Mädchens nicht auf Anhieb Herr werden zu können; ‚gelesen wird', sage ich, dabei müsste ich genauer von einer Lesart des Verkehrens sprechen, die der Dichterin nicht anzulasten ist. Schließlich gibt sich das Gedicht als eine der Transformationen eines Märchens, nicht als Interpretation, vielmehr als aneignende Um-Schreibung. Der Engel etwa, der im Märchen an der Seite des Mädchens im königlichen Garten erscheint, findet im Gedicht keine Erwähnung. Die silbernen Hände, die der König für seine Gemahlin anfertigen lässt, „were polished daily and kept in place, / like tin mittens." Während im Märchen das Silber für die Reinheit des Mädchens einstehen mag, dem die Hände gelten, bezeugt das „silver" im Gedicht eher einen Wertzuwachs, welcher der Prothese zugedacht ist. Als Objekt, das den Mangel ‚verkörpert', indem es die fehlende Extremität ersetzt, muss es gehegt und gepflegt werden wie sonst nur ein Fetisch. Da der König den Mangel begehrt, schätzt er ihn wert in einer Versilberung.

Die Verwicklungen des Märchens nach der Heirat, dass der König in den Krieg ziehen muss, während seine Frau schwanger ist, dass seine Mutter sich um sie kümmern soll und der Teufel seine Hand im Spiel hat, wenn es um die Übermittlung gefälschter Nachrichten geht, das alles nimmt auch das Gedicht auf. Ein „Wechselbalg" („a changeling") sei ihm geboren worden, lautet eine der manipulierten Nachrichten; die Mutter solle Sohn und Gemahlin töten lassen, die andere. Die junge Königin verlässt das Haus mit ihrem Kind, um in einer Waldhütte unter der Schutzmacht eines von Gott gesandten Engels, einer „weiße[n] Jungfrau", wie es im Märchen heißt, Zuflucht zu finden. Erneut ist im Gedicht von einem Engel oder einer Jungfrau keine Rede. Die Königin habe ihren Sohn „Painbringer" genannt, liest man da, was freilich anderes meint als der Name „Schmerzenreich" im Märchen. „Schmerzenreich", reich an Schmerzen, das Reich, in dem Schmerzen herrschen; die Frucht einer Mutter, deren Schmerzen er absorbiert, die in ihm ihre Schmerzen austrägt, ihre Schmerzen auf ihn überträgt. „Painbringer" dagegen derjenige, der erst Schmerzen bereitet durch die Geburtswehen und dadurch, dass er fortan da ist, existiert an der Seite einer alleinerziehenden Mutter. Sieben Jahre bringt die Königin so zu, und im Lauf dieser Zeit wachsen ihre Hände nach, „durch Gottes Gnade wegen ihrer Frömmigkeit".

Die im Märchen als Gnadenakt ausgewiesene Rückerstattung der Hände ist im Gedicht aus der christlich-religiösen Sphäre verwiesen, ins Burleske versetzt, wenn es heißt: „The ten fingers budding like asparagus, / the palms as whole as pancakes, / as soft and pink as face powder." Das überkommene bürgerliche Ideal weiblicher Tugendhaftigkeit, Folgsamkeit, Unterwürfigkeit und Ergebenheit einer väterlichen/übaterlichen Instanz gegenüber, das „durch Gottes Gnade" erst recht besiegelt wird, bricht die Burleske vom Spargel, der Pfannkuchen und dem Gesichtspuder auf. Alle drei Vergleichsattribute, „asparagus", „pancakes" und „face powder", sind dem Ressort einer profanen Hausfrauenexistenz entnommen. Die gefügige Hausfrau bereitet Spargel zu, tischt Pfannkuchen auf und, um ihre Hausfrauentätigkeit ein wenig zu übertünchen, benutzt sie Gesichtspuder.

Die neuen Hände gehen so sehr in dem auf, womit sie verglichen werden, dass ich geneigt bin, von einem metonymischen Verhältnis zu sprechen, das einen Mangel an ‚Realem' anzeigt. Die neuen Hände substituieren nicht die alten, sie sind ‚Index' einer Funktionalisierung, Konditionierung, sie zeigen, mittels ihrer selbst, eine Abrichtung der weiblichen Existenz an. Die ‚eigentlichen' Hände der Frau sind seit jeher verloren, abgehauen; es hat sie nie gegeben. Dass die neuen Hände gleichwohl in ihrer Intaktheit, als Ganzheit, „whole", dem Mann/König, der seine Frau nach sieben Jahren wiedergefunden hat, Angst einflößen, zeugt lediglich von seiner Uneinsichtigkeit, vorerst jedenfalls, sie sich nutzbar zu machen, über sie zu verfügen. „Now the butchers will come to *me*, / he thought, for I have lost my luck", lässt das Gedicht wissen. Die Versehrtheit der Frau, die zu seinem Schutz herhielt, gilt ihm als verloren; es ziemt sich daher, die Prothese der „silver hands" aufzubewahren und zu pflegen um der Erinnerung willen.

„All their lives they kept the silver hands, / polished daily, / a kind of purple heart, / a talisman, / a yellow star." Damit schließt das Gedicht. Dem Mann werden fortan die silbernen Hände das Ideal des Mangels repräsentieren, der durch die nachgewachsenen Gliedmaßen wohl überdeckt, nicht aber getilgt werden kann, zu seinem Glück. Die aufbewahrten silbernen Hände fungieren als die Quelle seines Fetischismus. Die Frau hingegen, gefügig und folgsam, wie es ihre ‚Frömmigkeit' von ihr verlangt, wird ihren Gatten gewähren lassen und sich nicht weiter um die metallenen Hände kümmern wollen. Für sie bleiben Spargel, Pfannkuchen und Puder fürs Gesicht. –

Abgeschnittene Hände – die Dichterin wird darauf zurückkommen, in einem Gedicht, dessen Veröffentlichung sie schon nicht mehr erlebt hat. Nach ihrem Freitod im Herbst 1974 hat die älteste Tochter die nachgelassenen Manuskripte geordnet und 1976 unter dem Arbeitstitel *45 Mercy Street* herausgebracht.

Abgeschnittene Hände, davon kündet ein kurzes Gedicht, das an den Anfang der *The Divorce Papers* genannten Sektion platziert ist. Von einem Traum ist da die Rede und einem Ehemann, als ob das Märchen vom König und seiner Frau weiterginge. „Husband", beginnt die Ansprache, „last night I dreamt / they cut off your hands and feet. / Husband, / you whispered to me, / Now we are both incomplete."

Was der König/Ehemann schon immer befürchtet hat, erfüllt sich im Traum, geträumt von der Frau. Die „butchers" sind gekommen und haben kurzen Prozess gemacht. Mit den Händen haben sie auch gleich die Füße abgeschlagen, um die Ganzheit,

Unversehrtheit des männlichen Körpers gänzlich zunichte zu machen. Als habe der Mann so ein Opfer gebracht, lautet die zweite Strophe: „Husband, / I held all four / in my arms like sons and daughters. / Husband, / I bent slowly down / and washed them in magical waters." Opfer der besonderen Art: der Mann, der nicht gebären kann, muss seine Glieder lassen. Wäre dies aus freiem Willen geschehen, könnte man sagen, der Mann habe seine konventionell-rigide Selbstbehauptung aufgegeben, er habe sich der Frau hingegeben, indem er Hände und Füße hingab. Daran freilich hat der Gatte selbst im Traum nicht gedacht. Die Waschung der Gliedmaßen in magischen Wassern kommt einem rituellen Akt der Reinigung gleich, aber auch einer Taufe, geht es doch um Söhne und Töchter.

Das Gedicht schließt mit den Zeilen: „Husband, / I placed each one / where it belonged on you. / ‚A miracle', / you said and we laughed / the laugh of the well–to–do." Nicht die Gnade Gottes, sondern das Ritual der Frau erstattet dem Mann die Glieder zurück, so als ob eine Schamanin am Werk gewesen wäre, um ein Wunder zu bewirken. Das beiderseitige Lachen der Wohlhabenden quittiert das Ganze, was man den manifesten Trauminhalt nennen könnte, als Farce, Spuk, den es nicht ernst zu nehmen gilt. Dass aber das Gedicht davon Zeugnis ablegt, noch dazu als erstes einer Abteilung, die *The Divorce Papers* überschrieben ist, belegt eine Hervorhebung des Trennenden über allen Anschein des gemeinsamen, verbindenden Lachens hinaus, eines Lachens, das aus getrennten Gründen aufbricht. Hervorhebung des Trennenden und der Trennung sowie des Abgetrennten, das nur im Märchen, allenfalls noch in Träumen, über Wunden zum Wunder sich zu erheben vermag. –

Hände, nicht nur ein Paar, sondern eine Vielzahl nennt ein ebenfalls nachgelassenes Gedicht mit dem Titel *When the Glass of my Body broke*. Die in der ersten Strophe wiederholte Frage –

"where do these hands come from?" –, gerichtet zunächst an die „mother of sex", eine Dame, die den Liebkosungen ihres Kindes, die man gemeinhin der Mutterliebe zuspricht, nur zögerlich, ja widerwillig entgegenkommt – diese Frage, gestellt aus einer Arealität eines Körpers heraus, bleibt ohne Antwort. Da ist noch ein Mann, „a Moby Dick of a man", an dessen Fingerspitzen die Milde des Weins haftet. Ein offenkundig ironischer Hinweis dies auf den Vater der Dichterin, der bekanntlich dem Alkoholismus verfallen war.

Die eben erwähnte Arealität des Körpers ist die des Glas-Körpers, des Körpers aus Glas, der dem dritten, noch fehlenden Glied der Triade zugesprochen wird. „I was born a glass baby and nobody picked me up / except to wash the dust off me." Ein gläsernes Baby ist kein Mysterium, es ist durchsichtig, ohne dass *etwas* darin oder daran entziffert werden könnte. Das Glas impliziert freilich Zerbrechlichkeit, worauf der Titel anspielt, was aber zerbrechen könnte, wäre lediglich ein Stück Materie, das die Form eines Körpers hat, ein Ding, das nicht den Wert eines Organismus vorstellt. Wenn die Strophe endet mit der Zeile „He has picked me up and licked me alive", dann ist damit nicht die Zuneigung des Mannes/Vaters zu seinem Kind signalisiert, sondern gemäß dem notorischen Griff des Alkoholikers nach dem Glas eine unentrinnbare Bindung des beginnenden Lebens an die fatalen Auswirkungen der väterlichen Sucht.

Die zweite Strophe entfaltet, im Hinblick auf die bange, unbeantwortete Frage, „where do these hands come from?", ein Szenario surrealer Verwandlungssequenzen. Seien es nun wuchernde „hands growing out of me like hair" oder invasive „hands growing out of pictures, / hands crawling out of walls", es sind als eigenständig sich aufspielende Hände aus dem Repertoire des Unheimlichen, die weder für ein trennendes noch ein bindendes Glied einstehen. Unfassbar, halten sie das Bedrohungspotential aufrecht. Bis zuletzt Hände aufgerufen werden, welche die Vergessenheit aufwirbeln wie ein Wind. Es sind die nämlichen Hände, die wachsen oder kriechen, nur laufen diese Bewegungen konzentriert in einer Wirksamkeit zusammen, der des Windes, „hands that excite oblivion, / like a wind." Die Vergessenheit aufwirbelnden Wind-Hände – „a strange wind / from somewhere tropic" –, was sind sie anderes als ein Fingerzeig auf das merkwürdig windige Unterfangen ihrer ‚tropischen' Herkunft, wie schon die Metamorphosen jenes Wund-Körpers der Hand in dem Gedicht *The Touch* subsumiert worden waren unter der Feststellung: „And all this is metaphor." Solcherart Hände sind Seismographen des Seelenlebens. Am Ende sind die Wind-Kräfte gebündelt zum Sturm, der außer dem Schaden, den er anrichtet, eine demaskierende, ja desillusionierende Wirkung beim Betreffenden hinterlässt. Die Vergessenheit, man könnte auch vom unbewusst Verdrängten sprechen, von den Wind-Händen angerührt, ist nicht zu lösen von „the mask of the child", die der Sturm abzunehmen zwingt, „while all the toy villages fall." Nicht ein Ende der Kindheit, deren Schutzwände einstürzten, wird hier heraufbeschworen, auch nicht ihre Entmythisierung, sondern die Entlarvung einer Pose.

Die letzten Zeilen des Gedichts lauten: „and I sink softly into / the heartland." Kein Orplid, das ferne leuchtet – „heartland". Kein Fallen ereignet sich zwar nach dem Sturm, nachdem die Spielzeug-Dörfer gefallen sind, nur ein Sinken, ein sanftes Sinken sogar, doch das „heartland" ist alles andere als eine Kuschelecke oder ein Luftschloss fern vom zerstörten Spielzeugland. Das „heartland" bezeichnet keinen Sehnsuchts- und keinen Rückzugsort. Es ist das ‚Landesinnere', das ‚Kernland', die Arealität des Körpers in seinem Da, der Ort, an dem die Erfahrung des Selbst-Seins statt hat. Im „heartland" sind all jene befremdlichen Hände in die eigene Hand übergegangen, die schreibende Hand, und von ihr gehen sie wieder aus. Im „heartland", so will ich hier schließen, ist der Anfangspunkt des Schreibens entschrieben.

Aus Henri Focillons Lobrede auf die Hand

Am Ende seiner kleinen Lobrede auf die Hand erwähnt der französische Kunsthistoriker eine Geschichte, darin eine vom Körper abgetrennte, behexte Hand auf der ganzen Welt glorreiche Dinge verrichtet. Derlei phantastische Erzählungen, in denen eine separate Hand aktiv ist, finden sich nicht selten in der Literatur des 19. Jahrhunderts, vorab in Frankreich. Dort, so die Stimme einer Literaturwissenschaftlerin, figuriere die verselbständigte, losgelöste Hand als ein Memorandum der großen Revolution, als Chiffre ihres unheimlichen Bodensatzes.

Dem Kunsthistoriker indes geht es in seiner Schrift aus dem Jahr 1934 nicht um eine Verkörperung des Unbewussten der Revolution mittels abgetrennter Hand. Im Gegenteil ist ihm daran gelegen, eine stete Wechselwirkung zwischen Körper, Geist und Hand zu bedenken. Er schreibt: „La main arrache le toucher à sa passivité réceptive, elle l'organise pour l'expérience et pour l'action. Elle apprend à l'homme à posséder l'étendue, le poids, la densité, le nombre. Créant un univers inédit, elle y laisse partout son empreinte."

Gerade da der Kunsthistoriker vielerorts eine Trägheit der Hand, ihre Paralyse infolge einer Erschlaffung der geistigen Tätigkeit des Menschen seiner Zeit konstatieren muss, verweist er auf die Schaffenskraft und Lehrhaftigkeit, die der Hand zueigen sind, zum Nutzen der Menschheit. Die Lobrede gerät dabei nicht zu einer Verteidigungsrede, einer Apologetik, denn eine Anklage besteht nicht. Vielmehr ist mit der Rede, die wahrlich nicht ohne

Pathos daherkommt, eine implizite Warnung ausgesprochen vor einer drohenden Verkümmerung der Funktion der Hand, ihrer fortschreitenden Regression, die der französische Paläontologe bereits dreißig Jahre später als unumkehrbaren *status quo* beschrieben hat.

Es erstaunt nicht, dass der Kunsthistoriker die Wirkungsmacht der Hand vorrangig auf dem Gebiet der Kunst realisiert sieht, dort, wo die Möglichkeiten eines Korrektivs sich am ehesten entfalten können inmitten eines hand-vergessenen mechanischen Zeitalters. Die *Éloge* unternimmt den Versuch, das Phänomen der menschlichen Hand dem vorherrschenden Eindruck der Belanglosigkeit und Achtlosigkeit zu entreißen, und sie tut dies, indem ihr Schreiber zunächst den Blick auf die eigenen Hände richtet, just in dem Moment, da er ihnen, mittels ihrer, einen Freundschaftsdienst zu erweisen verspricht, „un devoir d'amitié", im Akt des Schreibens. Hände, die den Geist auffordern, Hände, unablässig treu ergebene Gefährten. „Elles sont là, ces compagnes inlassables, qui, pendant tant d'années, ont fait leurs besogne, l'une maintenant en place le papier, l'autre multipliant sur la page blanche ces petits signes pressés, sombres et actifs."

Durch die Hände, im Schreiben, ist erst dem Menschen ein Kontakt zur Dauerhaftigkeit des Gedankens gegeben, in der Handschrift, durch die Schreibhand. Hände gestalten, verleihen eine Form, bilden einen Stil heraus. Hände, so der Kunsthistoriker weiter, haben Gesichter, „visages sans yeux et sans voix, mais qui voient et qui parlent." Die Eigentümlichkeit des ‚Sehens' über den Tastsinn zielt nicht allein auf Blinde, die über das Ertasten der unendlich kleinen Dichte des Bildes mit der Hand etwa die Figuren eines Kartenspiels erkennen können. Jeder Sehende bedarf seiner Hände zur Vervollständigung der Wahrnehmung von Dingen.

Nun wäre es ein Leichtes, zu behaupten, es sei jeglichen Realitätssinns abhold, von ‚sehenden' Händen zu sprechen, selbst wenn zugegeben werde, dass da keine Augen seien. Gewiss, und vielleicht ist es treffender, von ‚aussehenden' Händen zu handeln, vom Aussehen der Hände, ihrer Physiognomie, die dann aber, getreu dem Blick des Physiognomikers, Rückschlüsse auf die diversen Arten des Sehens und Deutens, der Hand-Eigner zuließe: das Aussehen macht ‚sehen'.

Ein solches physiognomisches Sehen eröffnet auch der Kunsthistoriker, wenn er unter den vielen schlanke Expertenhände des Analytikers, lange und bewegliche Finger des Denkers oder in Flüssigkeiten gebadete Prophetenhände ausmacht, allesamt Hände eben, deren Eignung in ihren Umriss, ihren Riss eingeschrieben sei – „inscrites dans leur galbe et dans leur dessein." Die Behauptung demgegenüber, dass die Hand ein ‚sprechendes' Organ sei, ist so alt wie die chirologischen Studien selbst. Mitte des 17. Jahrhunderts hatte der Autor der *Chirologia* die Hand als „most talkative" ausgewiesen und dabei insbesondere an die Mannigfaltigkeit der Gesten zur Unterstützung der Rede gedacht. Dem Kunsthistoriker ist es an dieser Stelle weniger um eine rhetorische Relevanz der Handbewegungen zu tun. Die Hand verkörpert ihm stets das aktive Leben, und das, was sie sichtbar macht, sind Spuren ihrer Arbeit, die wiederum gelesen werden können.

Das Innere der Hand ist, getreu der chiromantischen Betrachtungsweise, durchzogen von Linien, die auf ein vergangenes Leben zurück- und auf ein künftiges, vielleicht, auch vorausschließen lassen. Dies Ensemble von Linien ergibt, was ich eine Handschaft nenne, eine ‚singuläre Landschaft', wie es in der Lobrede heißt: „De près, c'est un paysage singulier, avec ses monts, sa grande dépression centrale, ses étroites vallées fluviales, tantôt craquelées d'incidentes, de chaînettes et d'entrelacs, tantôt pures et fines comme une écriture." Wie eine Schrift also, und es bleibt fraglich, ob, wie der Schreiber eingesteht, dieses Rätsel jemals entziffert werden könne. Was aber bleibe, sei der Respekt, der sich einstelle bei der Betrachtung dieser Dienerin des Menschen.

Die Hand spricht in ihrem Stummsein oder, genauer, *aus* ihrem Stummsein, ohne zu verlauten. Sie spricht, indem sie zeigt, sich zeigt, und nur wer Ohren hat, ihr Stummsein zu vernehmen, nur wer Augen hat, aus dem offen zu Zeigenden auch zu lesen, wird etwas von ihrer ‚Schrift', den Einkerbungen ihrer Geschichte, verstehen können. Da die Hand vornehmlich als der Handlung verschwistert gedacht wird, und das selbst im Ruhezustand, spricht sie nicht allein aus sich heraus, sondern aus ihren Werken, dem, was sie geschaffen hat.

Im Übrigen lässt der Kunsthistoriker eine Vorrangigkeit der rechten gegenüber der linken Hand nicht gelten; die linke Hand und das, was gemeinhin mit ihr assoziiert wird – Schwäche, die schlechte Seite des Lebens u. ä. – gehört notwendigerweise zur Entwicklung unseres hohen Zivilisationsstandes; sie erinnert an eine ehrwürdige Vergangenheit, da der Mensch noch den Stand des allseits Machbaren nicht erreicht hatte. Das Fehlen der Linken würde zur Unterwerfung des Menschen unter einen entsetzlichen Exzess der Virtuosität geführt haben. Gut ein halbes Jahrzehnt nach Fertigstellung der Lobschrift wird sich dieser Exzess, der keine ‚Linksheit' duldet, Bahn brechen mit dem Ziel, alles ‚Linke' auszurotten im Namen der Rechte und des Rechten, des Stärkeren, des gesunden Volkskörpers. –

Einer der zentralen Sätze der *Éloge* lautet: „L'homme a fait la main, je veux dire qu'il l'a dégagée peu à peu du monde animal, qu'il l'a libérée d'une antique et naturelle servitude, mais la main a fait l'homme." Die allmähliche Befreiung der Hand als bloßem Körperanhängsel zur Hand als Funktionsträgerin von

Fertigungsprozessen durch Werkzeuge, wie sie hier ausgesprochen ist, nimmt im Ansatz bereits einen Grundgedanken des Paläontologen vorweg, den Gedanken nämlich eines fortwährenden Prozesses der Exteriorisierung manueller Funktionen in Maschinen und des damit einhergehenden Schicksals der Hand. Gewiss, der Kunsthistoriker behauptet nicht, dass in Zukunft eine Regression der Hand voranschreiten werde, dass die Menschen zusehends verlernten, mit ihren Händen zu denken, dass die Bedeutung der Hand phylogenetisch unmittelbar mit der Entwicklung der Hirnregionen und der Herausbildung der Sprache zusammenhänge. Doch indem er den Satz „l'homme a fait la main" umkehrt in die Aussage „la main a fait l'homme", lässt er keinen Zweifel aufkommen an der Schicksalsgemeinschaft von Mensch und Hand. Und wozu bedürfte es einer Lobrede auf die Hand, wenn die Bedeutung der Letzteren nicht ernsthaft auf dem Spiel stünde? –

Das Gebiet der Kunst ist zum Refugium einer wahrhaft schaffenden Hand zu erklären, denn die Kunst ist Kunst nur vermöge der Hand. Es steht zu vermuten, dass der Kunsthistoriker den Reproduktionsmechanismen gegenüber, die in eine das Alltägliche einbindende Kunst Eingang gefunden haben, keine Sympathien hegte. Wenn das Kunstwerk als handgemachtes nur zählt, dann steht es in einer Verlängerungslinie der Schaffenskraft Gottes: das Werk ist Werk eines neuen Gottes, mittels Verlängerung und Übertragung seiner Hände auf die des Künstlers.

Das Werkzeug indes steht in keinem Widerspruch zum Menschen, hält der Kunsthistoriker fest und fährt in pathetischem Ton fort: „entre eux, il y a le dieu en cinq personnes qui parcourt l'échelle de toutes les grandeurs, la main du maçon des cathédrales, la main des peintres de manuscrits." Die Hand als Gott mit verfünffachtem Personal – die Hand figuriert demgemäß als ein Intervall, wonach sie zwar anatomisch dem menschlichen Körper als Extremität anhängt, jedoch ihrer Funktion nach in einem Zwischen verortet ist, zwischen Mensch und Werkzeug. Die Hände, und das macht eben ihr göttliches Wesen aus, gehen dem Menschen voraus, sie sind dessen *conditio sine qua non*, ganz gleich, ob sich ihre Macht in Gewalttätigkeiten oder den Verschlagenheiten des Geistes äußert. Die Hand verkörpert keine moralische Instanz des Guten, sie steht im Dienst einer fortwährenden Erneuerung der Schöpfung auf Erden, der Gestaltung und des Eingriffs in die Welt der Dinge nach menschlichem Belieben. Auch wenn der Kunsthistoriker konzediert, dass das Zeitalter der Hand („âges de la main") vergangen und an seiner statt ein mechanisches Zeitalter heraufgezogen sei, gilt ihm doch der Künstler als hartnäckiger Überlebender jener vergangenen Zeiten. „Les siècles", notiert er, „ont passé sur lui sans altérer sa vie profonde, sans le faire renoncer à ses antiques façons de découvrir le monde et de l'inventer." Das Althergebrachte besteht darin, dass die Welt immer wieder neu zu entdecken und zu erfinden sei; die Natur ist dem Künstler nicht vollends erkundet, die Welt ist nicht entzaubert, und die Entdeckung, die Formgebung, Gestaltung vollzieht sich wie ehedem mittels seiner Hände.

„Dans l'atelier d'un artiste", heißt es wenig später, „sont partout écrites les tentatives, les expériences, les divinations de la main, les mémoires séculaires d'une race humaine qui n'a pas oublié le privilège de manier." Alles, was der Kunsthistoriker an Kriterien vorbringt, die seiner Auffassung nach ein echtes Kunstwerk ausmachen, unterliegt der Wirkkraft der beseelten Hand: eine Substanz, ein Körper, eine organisierte Struktur. Geht das, was hier als die ‚Einkerbungen', als die Spur („empreinte"), der Abdruck der tätigen, beseelten Hand am Werk verstanden wird, verloren, so büßt auch die Hand gegenüber dem Menschen den Rang ein, seine ‚Erzieherin' zu sein. –

Nur ein Jahr nach der Veröffentlichung der *Éloge* erscheint der Aufsatz eines deutschen Kunsttheoretikers, zunächst gekürzt in französischer Übersetzung unter dem Titel *L'œuvre d'art à l'époque de sa reproduction mécanisée.* Zu Beginn dieses Essays heißt es, auf die neue Kunst der Photographie bezogen, der sich auch der französische Kunsthistoriker am Ende seines Beitrags zugewandt hatte: „Mit der Photographie war die Hand im Prozess bildlicher Reproduktion zum ersten Mal von den wichtigsten künstlerischen Obliegenheiten entlastet, welche nunmehr dem ins Objektiv blickenden Auge allein zufielen." Mit der Entlastung der Hand schwindet der Zusammenhang, in den das Kunstwerk traditionsgemäß durch Kultus, Ritual oder Religion eingebunden war. Gegen Ende seiner Ausführungen streift der französische Kunsthistoriker das, was sein deutscher Kollege zum zentralen Thema macht. Er berichtet von der Betrachtung wunderbarer Photographien eines wohlgesonnenen Freundes, die dieser von Suez mitgebracht hat. Es sind, wie er sagt, perfekte Bilder, aus denen ihn, ob ihrer Makellosigkeit, der Ausdruck einer absoluten Leere angeht: „Ce vide absolu dans la totalité de la présence est chose étrange. Peut-être ai-je sous les yeux l'exemple d'une poétique future: je ne puis peupler encore ce silence et ce désert." Es ist diese Leere, in der die Hand, ihre Spur, ihr Abdruck („empreinte") nicht mehr vorkommt.

Aus Géza Ottliks Abdruck der Schwarzen Hand

Vier oder fünf Jungen in schwarzer Uniform, elf, zwölf Jahre alt. Der Einfall eines der Kadetten, einen Bund zu schließen, den Bund der „fekete kéz", der Schwarzen Hand. Das zufällige Beisammenstehen hat dieser Idee Leben eingehaucht, eine Form verliehen, die keinerlei Aussicht hat auf Beständigkeit, Festigkeit, eine Form, die verpufft, wie nur Phantasien verpuffen können angesichts ungeschriebener Gesetzmäßigkeiten einer repressiven Ordnungsmacht. Die Schwarze Hand ist ein Traumgespinst, das nichts auszurichten vermag gegen die widrigen Verhältnisse, die es hervorbringen, eine Schattenschimäre. Auch wenn sie bei den Jungen rasch wieder in Vergessenheit gerät, rehabilitiert der ungarische Verfasser des Romans *Az Iskola a Határon* aus dem Jahr 1959 die Schwarze Hand als ein Zeichen im unauslöschlichen Abdruck einer Hand an der Wand. –

Ein Zögling empfängt während des Pinkelns einen Tritt in den Hintern und muss, da er das Gleichgewicht verliert, sich mit der rechten Hand gegen die Wand des Pissoirs abstützen. Diese Wand ist mit einem üblen, unfesten Gemisch aus Teer und Ölfarbe überzogen. Sein klebrig verdrecktes Handinneres wischt der Junge, Medve geheißen, an einem der Bretterhäuschen, an der Trennwand dort, ab. „Die schwarze Spur seiner Handfläche und seiner fünf Finger blieb an der Wand. Für immer."

Wenn ich vorhin von dem Handabdruck als einem Zeichen sprach, so ist damit keine eindeutige Zuweisung zu einem Bedeuteten gesetzt. Die Handspur kann nicht als Zeichen für etwas Bestimmtes dechiffriert werden, so, als sei darin der ideelle Gehalt der Schwarzen Hand auf eine bloße Schmutzschicht herabgekommen. Wenn es aber gleichwohl berechtigt ist, von einem Zeichen zu handeln, dann deshalb, weil aus diesem Abdruck gelesen werden kann, was nicht als messbare Größe, etwas Heterogenes, Divergentes, nicht Zusammenhängendes gilt, etwas, das sich ablagert auf dem Existenzgrund, unwiderruflich, was sich herausgebildet hat, ohne ein Bild abzugeben, unbemerkt, im Lauf der Jahre, ohne dass es, krebsgleich, zu wuchern anfinge. Dieser Abdruck der Hand rührt an das, was *so* geworden ist im Leben, und nicht anders; er bezeigt und bezeugt dieses So. –

Der Erzähler Bébé hat schon des öfteren auf die Schwierigkeiten des Erzählens gedeutet; schließlich geht es um Ereignisse, die über dreißig Jahre zurückliegen. Und das nachgelassene Manuskript des früh unter ungeklärten Umständen verstorbenen Medve, seines ehemaligen Mitschülers, dient ja erst als die anregende, initiative Grundlage des einsetzenden Erinnerns und der neuerlich schriftlichen Fixierung des Geschehens. Dass der Handabdruck von Medve stammte, der die Ereignisse seit dem Eintritt in die Militär-Unterrealschule im Jahr 1923 in seinen man weiß nicht wann begonnenen Aufzeichnungen bedachte, besiegelt das Schriftzeugnis: Die Spur der Hand an der Wand verschiebt sich in die hinterlassene Spur der Niederschrift, sie setzt sich darin fort, realisiert sich darin; indem sie sich darin auflöst, löst sie, unwillentlich, die Idee des Geheimbundes der Schwarzen Hand im Pakt mit den zu Lebzeiten im Geheimen verwahrten Schriftzeichen ein.

Bébé, dem die Papiere des Verstorbenen vorliegen, mutmaßt: „Und sollten Medves Handspuren ein unheilverkündendes Zeichen – etwa das Menetekel der unsichtbar gewordenen Schwarzen Hand – gewesen sein, so hatten wir davon, das steht fest, nicht die leiseste Ahnung; selbst heute käme mir nichts Derartiges in den Sinn." (Das ungarische Original nennt genauer „Medve tenyerének a nyoma", also den Abdruck von Medves Handteller). Von einem eindeutigen, vordergründigen Zeichencharakter hätte nur im Nachhinein, und wenn überhaupt, dann auf sehr spekulative Weise die Rede sein können. In der Spur eine Zeichenhaftigkeit auszumachen hätte der Distanz zu den Lebensumständen vor Ort bedurft, einer Distanz überdies, die man ‚erwachsen' nennen müsste. Die Zeichenhaftigkeit der Spur wäre das Ergebnis der aktiven Einbildungskraft gewesen, die Aufladung mit einer Bedeutung.

„Es ist möglich", fährt der Erzähler fort, „daß zwischen allen Dingen irgendeine göttliche Ordnung und ein Zusammenhang walten; möglich, daß diese auch Zeichen an die Wände werfen, sich bereitwillig anbietende, ja sogar aufdringliche Symbole, und zweifellos ließen sich unsere drei Jahre leichter ordnen und anschaulicher schildern, hielte ich mich an das Zeichen der Schwarzen Hand; nur eben hatte diese Handspur für uns keinerlei derartige Bedeutung, und auch in den äußeren Geschehnissen dieser Jahre offenbarte sich kein so umfassender, einheitlicher oder in klaren Begriffen ausdrückbarer Zusammenhang." Nein, das internierte Leben in der Militärschule erlaubt keine Ausflüge in die Phantasie, erst recht keine Verstiegenheiten einer Ausdeutung komplexer Zusammenhänge oder das Lesen aus einem Abdruck der Hand.

Dass der Erwachsene später die Episode nicht totschweigt und über die Handspur reflektiert, zeugt von einer ihr nachträglich implementierten Bedeutsamkeit des Verhängnisvollen, des Menetekels. Nachträglich. Was jetzt darin zum Ausdruck kommt, und das vermag lediglich der Erwachsene rückblickend festzustellen, ist ein zeitlos Immergleiches, das Unveränderliche und Unabänderliche, was, so Bébé, viel schlimmer gewesen sei als jegliches Unheil einer wie auch immer gearteten, geheimnisvollen Schwarzen Hand. Dem Erwachsenen gerät dieser Abdruck gleich einer Allegorie der Ereignislosigkeit jener Tage, einer Ablagerung von Stunden und Minuten.

Die Handspur figuriert nicht wie ein Schmalzbrot oder gar ein französisches Teegebäck als Auslöser eines wenn auch wehmütigen, so doch glückseligen Erinnerns. „Wir lebten in einer greifbaren Wirklichkeit, nicht zwischen den Symbolen löblicher Ideen oder in den Abstraktionen wohlabgerundeter Erzählungen", heißt es. Das ungarische Original notiert: „A kézzelfogható valóságban éltünk, [...]." Das zusammengesetzte Adjektiv „kézzelfogható", das im Deutschen mit ‚greifbar' wiedergegeben ist, unterstreicht die Mittelbarkeit des Lebens durch die Hand: es ist ein ‚mit der Hand' greifbares Leben, ein Leben, bei dem die Hand noch bloßes Körperglied ist, ein Instrument zur Verabreichung von Ohrfeigen allenfalls, und nicht Mittel des Denkens. –

Später finden die Idee der Schwarzen Hand und der Fingerabdruck an der Wand im Roman keine Erwähnung mehr. Da hat die Hand, sich selbst eine andere geworden, schon soweit in das Leben eingegriffen, es geformt, dass es einer weiteren Erwähnung auch nicht mehr bedarf.

Der ungarische Autor, der die Hand seines Erzählers nach der Handschrift des Verstorbenen lenkt, hat seinen Roman drei Jahre nach der blutigen Niederschlagung des Aufstands veröffentlicht. Mit diesem Text hat er die Hand erhoben und abermals eine Verschiebung der Schwarzen Hand vorgenommen, eine bedeutungsvolle Verschiebung diesmal auf die außersprachlichen Verhältnisse im eigenen Land. Von dieser Erhebung der einen und der Verschiebung der anderen Hand haben die wenigsten jedoch etwas wissen wollen.

Aus Guy de Maupassants Getrockneter Hand

Unter einer „main de gloire" versteht man in der Hexenkunst die wohl präparierte Hand eines Gehenkten. Sie wird eingewickelt in ein Stück Leichentuch und gut ausgepresst, um das bisschen Blut noch herauszubekommen, dann in eine irdene Vase gesteckt, mit ausgewählten Zutaten – einer Art Vitriol, Salpeter, Salz und Spanischem Pfeffer – in pulverisiertem Zustand versetzt. Fünfzehn Tage muss die Hand in dem Topf ziehen, um darauf unter der Sonne während der Hundstage getrocknet zu werden. Man verwendet hernach die ‚glorreiche Hand' wie einen Kerzenhalter. Mit einer Mischung aus dem Körperfett des Gehenkten, reinem Wachs und lappländischem Sesam werden die Finger bestrichen und sogleich angezündet. Die Wirkung, die sich mit diesem Kerzenhand-‚Werkzeug' erzielen lässt, ist die Immobilisierung sich in der Nähe befindender Personen bis auf den Tod, wobei die Akteure selber gänzlich unversehrt bleiben. –

Gewiss wird der französische Novellist nicht allein an seinen Besuch in Étretat bei jenem englischen Lord gedacht haben, dessen Gast, einen bekannten englischen Dichter, er vor dem Ertrinken gerettet hatte. Dort, in der nach dem göttlichen Marquis benannten „Chaumière de Dolmancé", hatte er im Jahre 1866, unter anderen merkwürdigen Objekten, auch eine getrocknete Menschenhand gesehen. Der Franzose wird also nicht bloß an diese Hand gedacht haben, als er *La Main d'écorché*, seine erste Erzählung, noch unter einem Pseudonym im *Almanach lorrain de Pont-à-Mousson* 1875 publizierte. Die „main de gloire" wird ihm im Sinn gewesen sein. Acht Jahre später hat er seine Novelle *La Main* verfasst, deren Grundlage *La Main d'écorché* bildet.

–

Einem Untersuchungsrichter, der seine Meinung zur nicht weiter erörterten „affaire mystérieuse de Saint-Cloud" kundtut, kommt in *La Main* der Part des Erzählers zu. Eine kleine Gruppe aufgeregter Damen steht um ihn herum; eine von ihnen gibt das Stichwort, indem sie ausruft: „Cela touche au surnaturel." Der Beamte gibt ihr zu, dass die Sache vielleicht nie aufgeklärt werde, doch übernatürlich sei sie darum keineswegs. ‚Unerklärlich', „inexplicable" sei da das passendere Wort für Dinge, die die Menschen nicht verstehen könnten. Allerdings, so der Staatsdiener, sei ihm einmal eine Angelegenheit untergekommen, in die sich in der Tat „quelque chose de fantastique" gemischt habe. Das interessiert die sensationslüsternen Damen sehr, und der Untersuchungsrichter hebt zu erzählen an, d. h. er gibt die Fakten wieder, wie er sagt.

Ein rätselhafter Engländer hat am Golf von Ajaccio sich in eine kleine Villa eingemietet, und weil er mit niemandem spricht, nur zur Jagd und zum Fischen das Haus verlässt, machen Gerüchte die Runde. Grund genug für den Beamten, diesen sonderbaren Menschen einmal näher zu inspizieren. Ein Monat später ist der Kontakt hergestellt, und der Fremde lädt ihn zu sich ein. Im schwarz ausgekleideten Salon gewahrt der Gast, auf einem roten, samtenen Viereck, schließlich die besagte ausgetrocknete, schwarze Menschenhand, „une main noire desséchée, avec les ongles jaunes, les muscles à nu et des traces de sang ancien, de sang pareil à une crasse, sur les os coupés net, comme d'un coup de hache, vers le milieu de l'avant-bras." Nun ließe sich dabei an ein Sammlerstück denken aus einem Kuriositätenkabinett, das sich einer morbiden oder auch nekrophilen Leidenschaft verdankt. Das Merkwürdige aber an dieser abgehackten Hand ist eine Eisenkette, die um das Handgelenk geschweißt und durch einen starken Ring an der Hand befestigt ist.

Der Engländer gibt zu verstehen, das sei seine beste Feindin gewesen, oder sein bester Feind, denn es ist bei seinem fehlerhaften Französisch nicht sicher, ob ihm die Hand, verselbständigt, oder ein ganzer Mensch als sein Gegner galt. „C'été ma meilleur ennemi. Il vené d'Amérique. Il avé été fendu avec le sabre et arraché la peau avec une caillou coupante, et séché dans le soleil pendant huit jours." Der Wechsel im Genus, vom femininen „ma" zum maskulinen „il" legt die Vermutung nah, dass dem Engländer die Hand als *pars pro toto* für den ganzen Menschen, seinen Feind, einsteht. Folglich Abhauen der Hand oder Spaltung des ganzen Feindeskörpers mit dem Säbel, Abziehen der Haut, der Hand oder des Körpers mit einem spitzen Kiesel, und acht Tage Trocknen in der Sonne.

Aus dieser Aktion spricht nicht nur der Triumph, ähnlich dem perfiden des Jägers, der dem erlegten Tier das Fell abzieht, um zu Hause den Fußboden des Wohnzimmers damit zu zieren. Das steinerne Werkzeug, das hier erwähnt wird, erinnert an die Geröllsteine jener Pebble-Kultur, die bereits im frühen Quartär bei den Anthropinen als *chopper* oder *chopping-tools* Verwendung gefunden hatten. Das Trocknen der gehäuteten Hand in der Sonne birgt Reminiszenzen an den Hexenkult um die „main de gloire".

Der Engländer, der in seiner Rede so merkwürdig atavistische Züge an den Tag legt, besteht im Übrigen auf der Notwendigkeit der Verkettung. Die Hand habe sich schon manches Mal davonmachen wollen. Solcher Okkultismus revidiert den aufrechten Gang des Menschen, indem er der Hand Beine macht. Etwas von jener Regression auf eine überwunden geglaubte Entwicklungsstufe der Menschheit weht auch den Untersuchungsrichter an, wenn er bemerkt, die außergewöhnlich große Hand lasse ihn an „quelque vengeance sauvage" denken. Allerdings ist das Thema der Rache ohnehin sein Spezialgebiet, die

Vendetta, und es überrascht nicht, dass er auf diese Richtung einer Deutung verfällt. Dass die Hand aber gefesselt werden müsse, da sie schon zu entkommen versucht habe, hält er, selbstredend, für eine Verrücktheit oder einen schlechten Scherz. –

Der Tod des Engländers, ein Jahr später, gibt Rätsel auf, und doch auch wieder nicht. Der Mann ist erwürgt worden, sein Gesicht ist schwarz und aufgedunsen – eine Assimilation der getrockneten Hand, die verschwunden ist, die Kette zerbrochen und zwischen den Zähnen des Toten ein abgetrennter Finger. Dann erwartungsgemäß die blutigen Male am Hals, „percé de cinq trous". Der Diener, der mit seinem Herrn zusammen im Haus lebte, berichtet, dieser sei in letzter Zeit sehr aufgebracht gewesen, habe viele angesengte Briefe erhalten; oft habe er in einem Wutanfall auf die getrocknete Hand mit einer Peitsche eingeschlagen. Und natürlich gibt es keinerlei Hinweise auf einen möglichen Täter, keine Spuren, keinen Verdacht.

Drei Monate nach dem Vorfall, erzählt der Beamte, habe er einen Alptraum gehabt. „Il me sembla que je voyais la main, l'horrible main, courir comme une araignée le long de mes rideaux et de mes murs." Tags darauf dann habe man ihm die vermisste Hand gebracht, gefunden auf dem Grab des Engländers; der Zeigefinger habe gefehlt. –

Der fehlende „index", das Deuteglied der Hand, weist beide Deutungsansätze, den des Beamten und den der von seiner Geschichte betörten Damen, und nicht zuletzt jeglichen Deutungsversuch der Lesenden, ins Leere. Der eine, der sich stets an die Tatsachen hält und allenfalls ein wenig irritiert wird durch die Bilder seines Traums, fügt sich dem Abdruck seines Geschäfts: er verharrt im Deutungsmuster seines Spezialgebiets, der Vendetta: „Je pense tout simplement que le légitime propriétaire de la main n'était pas mort, qu'il est venu la chercher avec celle qui lui restait. Mais je n'ai pu savoir comment il a fait, par exemple.

C'est là une sorte de vendetta." Die aufgescheuchten Damen hingegen dürstet nach einer Erklärung, sei sie nur möglichst entfernt von der trockenen Abgeklärtheit ihres Unterhalters. Sie nähren bereits eine „dunkel gegenwärtige Erkenntnis", die der deutsche Philosoph und Soziologe in seinen Thesen gegen den Okkultismus als typisch für diesen erachtet hat. Würde man den Damen erzählt haben, die Hand habe ein Eigenleben geführt und den Mord begangen, käme das ihrer geistigen Prädispostition zupass.

Die Leere aber, die sich als Fehl der Deutung auftut ob des fehlenden Index, beruht auf narratologischem Kalkül um das Mysterium der Figur des Engländers. Dieser ist nicht allein ein Fremder, von der einheimischen Bevölkerung Abgesonderter, er hegt auch Affinitäten zu Absonderlichkeiten. Er ist einer privaten Form des Okkultismus verfallen, mit sadistischer Note, und in der getrockneten Hand sieht er wohl einen Geist gebannt. Vielleicht verhält es sich so: seine Gewissensnöte, seine eigene Zerrissenheit, die er im Zaum zu halten sucht, projiziert er in zwanghafter Weise auf die gefesselte, abgehauene Hand. Möglich, dass ihm diese Hand als ein Fetisch gilt, aus dem das eigene Unheil ihn anspringt, ein Unheil, eine Zerrissenheit, von denen der Text nichts mitteilt, nichts mitteilen kann, denn sonst würde er sich der publikumswirksamen Effekte des Phantastischen berauben. Möglich, dass die Hand als das okkulte Ding eine Hypnose ausübt, die dem totalitären Schrecken ähnelt, wie der Philosoph und Soziologe mutmaßt. Und möglich, dass die Erinnerung an die Schreckensherrschaft nach den Revolutionsjahren im narrativen Gedächtnis gehortet ist. Verhält es sich so, dann lässt sich die Geschichte vom mysteriösen Mord an dem Engländer und der entfesselten Hand als eine Parabel für den Zerfall eines Subjekts lesen, das sich seiner Mündigkeit vollends begeben hat. Letztlich ist aber nicht zu belegen, ob der Beamte, ein Vehikel des Autors, seine Geschichte nicht vielleicht nur erfunden hat, um die abgestumpften Nerven der leichtgläubigen Damen etwas zu kitzeln. Dafür spräche, dass die Novelle selbst als eine populäre Erzählung zur Unterhaltung der Vielen konzipiert gewesen ist. Nach ihrer Veröffentlichung in den *Contes du jour et de la nuit* 1884 erschien sie gesondert ein Jahr später in den Sammlungen *La Vie Populaire* und *La Semaine Populaire*.

Aus André Bretons Händen über Wasser

Merkwürdig, dass der deutsche Philosoph und Soziologe in seinem kleinen Rückblick auf den Surrealismus im Jahr 1956 nicht die auffallende Häufung von Händen in Photographie und Literatur erwähnt hat. Möglich aber, dass er sie dem Sammelsurium von abgeschnittenen Brüsten und Beinen von Modepuppen in Seidenstrümpfen auf Collagen zugeschlagen und so, gleich diesen, Hände als Relikte vergessenen libidinösen Begehrens begriffen hätte. Dies Vergessene jedenfalls zeuge in seiner Verdinglichung gerade nicht von einer psychologischen Beseeltheit. In solcherart pornographischen Dingen würden keine revolutionären Energien freigesetzt, wie der nach Paris emigrierte deutsche Übersetzer und Essayist in einem Zeitungsartikel Ende der zwanziger Jahre noch kundgetan hatte. Weder habe man es mit telepathischen Phänomenen zu tun noch mit einer profanen Erleuchtung, die von innen ausgehe, vielmehr mit einem erstarrten Erwachen. Auch wenn der Soziologe nicht eigens von Händen berichtet, einer Auffassung wie der, dass Hände in der Kunst des Surrealismus als Symbole einer befreiten Seele zu gelten hätten, würde er nicht beigepflichtet haben. Auf diese Vorbehalte werde ich zurückkommen. –

Sein *Manifeste du Surréalisme* begleitend, erschienen 1924 zweiunddreißig kurze Prosastücke des französischen Autors, die, mit Ausnahme des letzten, sich erklärtermaßen der ‚écriture automatique' verdankten. Der Titel der Sammlung: *Poisson soluble*. Hände figurieren darin als unabhängige Entitäten, sei es, dass sie als abgetrennte, transmutierte Körperteile agieren oder als integraler Teil des Körpers ein besonderes Augenmerk auf sich ziehen. Hände zeugen gleichermaßen von den Texten selber, denn Hände sind die Mittlerinnen des Schreibens. Dabei dürfte die ‚écriture automatique' wohl kaum der photographischen Verfahrensweise sich angleichen, wie ein Kritiker meinte; Schreiben ist nicht Photographieren, es bildet nicht ab. Hände sind Zeug zur Sprache, und die Sprache ist ihrem Wesen nach erfinderisch.

Das große Interesse an der Hand steht fraglos im Zusammenhang mit der Negation eines als allgemeingültig angenommenen realistischen Ordnungsgefüges, in dem die Bedeutung der Hand auf den Umstand einer motorischen Verarmung des *homo sapiens* herabgemindert ist. Die Bedeutsamkeit, welche die Texte der Hand zuzuschreiben gedenken, besteht auf einer Idee der Erneuerung, die aus dem Anachronistischen eine Syntax des vorgeblichen Automatismus wider das automatisch Normale zu konstruieren sucht. Kein Automatismus freilich, der nicht letzten Endes ein Konstrukt wäre, und damit kein Werk des Zufalls. –

Was ich hier wiedergebe, erscheint mir recht thesenhaft, ohne ‚eigenhändige' Entdeckung. Was sind denn das für Hände im Einzelnen, die der französische Autor verschriftet hat? Welche Art Hände trieben ihn um? Ich will mich beschränken. Es gibt blonde Hände über einer magischen Fontäne, von der man nicht weiß, ob das Magische ihr vorab zueigen, oder ihr durch Hände erst zuteil geworden ist. Es gibt gläserne Hände, eine Hand der Nacht in Drachenform, Hände eines Autos, Hände aus Wachs. Beschränken, sagte ich. Woran mir vor allem liegt, ist die Konfiguration von Hand, genauer der männlichen und der weiblichen Hand, Wasser, Feuer und Glas. Es ist diese Assoziation aus dem Fundus des Elementaren, die mir hinsichtlich der Hand-Figur am sinnfälligsten scheint. –

Die erste Erzählung, ein Märchen mit szenischer Handlungsabfolge in einem Schloss aus dem 14. Jahrhundert, die Begegnung des Erzählers mit einer Frau dort, einem mysteriösen Traumwesen. Nach einer geräuschvollen Umarmung, da der Mann seine Lippen an den Hals der Dame geführt hat, geraten die Gedächtnisbilder lückenhaft. „Ce qui se passe ensuite m'échappe presque entièrement", gesteht der Erzähler. Beim Erwachen hat sich die Szenerie gewandelt, die Frau aber steht getreu noch an der Seite des Mannes. Ein Gemurmel, an das er sich mit seiner Rede hält, begleitet ihn. „Quand je lui dis: ‚Prends ce verre fumé qui est ma main dans tes mains, voici l'éclipse', elle sourit et plonge dans les mers pour en ramener la branche de corail du sang."

Die Hand, so ineins gesetzt mit Rauchglas, indiziert Erstarrung und Kälte, ein kristallines Ding. Der Rauch durchwirkt jegliche Transparenz. Die Hand, eine nur, gibt kein Durchgangsstadium vor und nichts, was irgend sich durchdringen ließe. Im Gegenteil, Finsternis, das Verschwinden obliegt ihr. Das Sehvermögen selbst ist eingeschränkt, die Sicht eingetrübt. „À distance", heißt es, „je ne vois plus clair, c'est comme si une cascade s'interposait entre le théâtre de ma vie et moi qui n'en suis pas le principal acteur." Deutlich sind die Hinweise auf Undurchdringlichkeit, Undeutlichkeit: das Gemurmel oder Gesumme, wider das die bittenden Worte sich Gehör verschaffen; die Kaskade, die den Blick verstellt, den Durchblick, worauf auch immer, verhindert; die Kaskade, die im Übrigen ein Rauschen veräußert, verwandt dem Gemurmel, bei dem nicht sicher ist, ob es gar von jenem Wasserschwall herrührt, dem imaginierten, halluzinierten; die Hand aus Rauchglas schließlich, ein Fingerzeig auf den Spalt zwischen dem „théâtre de ma vie" und dem „moi", zwischen dem, was sich abspielt, einer undurchsichtigen Handlung, und einem kristallinen, zerbrechlichen Ich, dem alles nur widerfährt.

Das Wasser, einmal „cascade", dann „les mers", jene Wasser, in denen, getreu der Homophonie im Französischen, auch die Mütter, ‚les mères', wohnen, Wasser, mit dem die Frau als Undine liiert ist, mag komplementär zum Glas gelesen werden wie der Blut-Korallen-Arm, „la branche", den Fortsatz zur Hand, „la main", abgibt. In der Koralle, wie umgekehrt in der Glas-Hand, oszilliert das Organische zum Anorganischen, dem Edelstein, dem im Volksglauben eine Schutzfunktion zugedacht war: die Dämonen, das Böse der Finsternis, woran die „éclipse" des Erzählers gemahnt, sollten durch das Rot der Korallen abgewehrt werden können. Das Blut der Medusa, nachdem Perseus ihr das Haupt abgschlagen hatte, soll, ins Meer getropft, dort versteinert sein, zu Korallen. –

In dem Prosastück mit der Nummer neun, einer Art Prosagedicht der Nacht, ist ganz am Ende von Händen die Rede, von Händen im Allgemeinen. In einer appellativen Folge von Verneinungen – „plus de souffles, plus de sang, plus d'âme" – sind Hände dazu aufgerufen, entgegen einem tradierten Verständnis von Atem, Blut und Seele, ihre Wirkkraft zu entfalten, „des mains pour pétrir l'air, pour dorer une seule fois le pain de l'air, pour faire claquer la grande gomme des drapeaux qui dorment, des mains solaires, enfin, des mains gelées!" Was den Händen hier an Aktivitäten zugedichtet ist, widerstrebt den operativen Entwicklungsprozessen der menschlichen Spezies, in denen zunehmend eine entmanualisierte Technizität die Oberhand gewinnt. Solcherlei Hände sind eingelassen in einen anderen Schöpfungsakt eines anderen Gottes. Kein Odem, der hier eingehaucht wird, kein Blut, keine Seelen, nichts, was irgend mit menschlichem Wesen zu schaffen hätte. Stattdessen Hände, die wandlerisch mit dem Elementaren umgehen, mit der Luft, der sie nach gorgisch versteinernder Art begegnen, Hände, ein energetisches Zentrum, das aus Sonne und Eis gespeist ist.

Der kleine Ausschnitt einer phantastischen, apokalyptisch verbrämten Kosmogonie ist gewiss dazu angetan, die gängige, überlieferte historische Syntax aufzubrechen. Was hier am Textende steht, setzt den Potentaten des Traums an den Anfang des Schaffens, und ich verstehe dieses Schaffen weniger im Sinne einer revolutionären Energie, die freigesetzt würde, denn als eine Allegorie des poetischen Zeugungsprozesses selber, dessen als kreativ gedachte Achse die Figuration der Hand um Feuer und Wasser ausmacht. –

Der sechzehnte Prosaabschnitt von *Poisson soluble* kündet dann vom göttlichen Regen und der eingehenden Betrachtung von Händen: „j'observe mes mains qui sont des masques sur des visages, des loups qui s'accomodent si bien de la dentelle de mes sensations." Auch hier sind die Hände, wie schon bei der Identifikation mit Rauchglas, ein Anderes ihrer selbst: Maske und Wölfe. Die Metapher der Maske, nun für ein üblicherweise Unverhülltes, führt paradigmatisch die Hand in einer differentiellen Einheit vor. Die Hände in ihrem bloßen Hand-Sein sind stets jenes Andere, ja ihre Wesenheit besteht paradoxerweise darin, das nicht zu sein, wonach sie aussehen. Hände sind niemals bloß Hände; Hände geben sich keine Blöße. Hände verstellen, verlegen den Blick, sie verbergen das Gesicht, gerade das Gesicht, das für gewöhnlich als die Blöße schlechthin angesehen wird. Der Glaube aber, dass etwa das unbedeckte Gesicht selbst ein Eigentliches, die Seele des Menschen, offenbare, ist an dieser Stelle weder ausgesprochen noch in Abrede gestellt. Um die Offenlegung einer Wesenheit scheint es dem Autor nicht zu tun zu sein, gleichwohl ist ihm gelegen an einem Wechselspiel, das Verhüllung und Enthüllung um ein Originäres herum gruppiert, als könnte man sagen: das Wesen ist nicht das Wesen, es steckt noch etwas anderes dahinter. –

In seiner im Jahr 1925 erschienenen Erzählung *Nadja* bekundet der Autor ein Interesse an der Verhüllung der Hand selbst, einem Damenhandschuh, von dem auch eine Photographie zu sehen ist. Der Handschuh, einer leblosen Hauthülle gleich, welche für immer von der Hand abgestreift, zurückgelassen wurde. Der Handschuh, eine Maskierung der Masken.

Mit den Wölfen identifiziert dann der Erzähler aus *Poisson soluble* seine Hände, Wölfen, die sich abfinden mit dem feinen Gewebe seines Empfindens. Wölfe also, Dämonisches, eine dunkle Macht, die allerdings der ‚Spitze' des Empfindens, der „dentelle de mes sensations", unterstellt ist. Daher rührt wohl die Apostrophe an die Hände, eine sich als Zurechtweisung häutende Aussprache: „Tristes mains, vous me cachez toute la beauté peut-être, je n'aime pas votre air de conspiratrices. Je vous ferais bien couper la tête, ce n'est pas de vous que j'attends un signal;" Hände, als ob sie eigenständige und verständige, unabhängige Entitäten wären, deren Tun nicht die Billigung ihres Trägers erfährt. Dass ihnen der Kopf abgeschlagen werden könnte, lässt mich wieder an Perseus denken; Hände als gorgische Unholde, denen der Garaus zu machen wäre. Dass Händen der Kopf abgeschlagen werden könnte, mag auch als eine lustige Pointe durchgehen, die in ihrer Deutlichkeit nicht gerade von einem poetischen Wunder zeugt. Der Kopf, der ihnen angedichtet ist, belegt indes die Selbständigkeit der Hände; sie haben ihren ‚eigenen Kopf'.

Diese Hände, so kommt es mir vor, verrichten ihren verschwörerischen Dienst, von dem keine nennenswerten Impulse ausgehen. Sie sind einfach da, treiben ihr Unwesen, lästige Wesen, traurige Wesen auch, als wüssten sie um ihr tadelnswertes, ineffektives Handeln. Keine Signalwirkung, die von ihnen ausginge. Diese nämlich ist dem Element des Wassers, in Regengestalt, vorbehalten. Eine Beschwörung des Regens, wider die Verschwörung der Hände, ein Regnen, das in das Innere der Hand eindringen möge – „ces gouttes de pluie que j'aime recevoir à l'intérieur de ma main".

Das Imaginäre schöpft aus dem Element Wasser, das in *Poisson soluble* stets als geformtes, gebändigtes, ästhetisiertes Fluidum gegeben ist. Seien es nun die Tropfenform des Regens, eine Fontäne, eine Quelle, eine Kaskade oder auch die von Lichtern glitzernde Oberfläche des Stadtflusses in *Nadja*. Das Meer dagegen scheint unermesslich, unzähmbare Natur, die sich zerstörerisch auswirken mag.

Der Erscheinungsform des Wassers muss eine schöpferisch lebensspendende Kraft eignen, die mit der Verkörperung des Weiblichen zusammenpasst. Überdies kommt dem Wasser die poetische Funktion des Transformativen zu, der Verflüssigung. Dinge lösen sich in Wasser auf wie gar ein Fisch, dem das am wenigsten zuzutrauen wäre, da er sich doch naturgemäß in seinem Element befindet. –

Die Quelle, ausgewiesen im neunzehnten Teilstück als Spiegel der Worte dessen, der schreibt, tritt auf, personifiziert, wie in einer dramatischen Szene. Hand und Quelle sind nach dem vertikalen Prinzip eines Oben zu einem Unten in Beziehung gesetzt. „La source rit doucement, elle n'a pas senti ma main se poser sur elle; elle se courbe insensiblement sous ma main, (...).'' Mit diesem Verhältnis einer über dem Wasser ausgebreiteten, einer dem Wasser aufgelegten Hand setzt schon der erste Text von *Poisson soluble* ein, da der Park seine blonden Hände über der magischen Fontäne ausbreitet. Und die Erzählung *Nadja* wiederholt diese Anordnung, indem sie die Titelfigur an der Seite des Erzählers beim Blick auf den von Lichtern glitzernden Fluss ausrufen lässt: „Cette main, cette main sur la Seine, pourquoi cette main qui flambe sur l'eau?"

Wasser und Feuer sind der jungen Frau ein und dasselbe. Was indes die Hand bedeuten mag, bleibt ihr ein Rätsel. Kein Wunder, dass der Erzähler und seine Begleiterin kurze Zeit später sich in den Tuilerien vor einem Springbrunnen niederlassen, um auszuruhen. „Devant nous fuse un jet d'eau dont elle paraît suivre la courbe." Die Gedanken seien es, seine und ihre, die sie im Auf und Ab des Wasserspiels erkennen könne, Kräfte, die sich nach dem Fall vereinten. Die Feuer-Hand wird sie dann wiedersehen, als Blitz am Himmel und gleich darauf als rote Hand mit ausgestrecktem Finger auf einem Plakat, weit über den Köpfen der Passanten. „Il faut absolument", kommentiert der Erzähler, „qu'elle touche cette main, qu'elle cherche à atteindre en sautant et contre laquelle elle parvient à plaquer la sienne."

Die jähe Bewegung des Sprungs nach oben wie die Berührung der beiden Hände zeichnet den Verlauf des Wasserstrahls beim Springbrunnen nach, und die Frau sieht voraus, dass der Mann einen Roman über sie schreiben werde. Die Feuer-Hand, das sei seine Hand. „Ce que je vois", bekennt sie, „c'est une flamme qui part du poignet, comme ceci (avec le geste de faire disparaître une carte) et qui fait qu'aussitôt la main brûle, et qu'elle disparaît en un clin d'œil."

Die Warnung der Frau, dass alles sich abschwäche, alles verschwinde, dass letzten Endes etwas von ihnen beiden überdauern müsse, ist in das Bildnis vom brennenden Handgelenk eingelassen. Er werde ein Pseudonym finden für die Arbeit an jenem Roman, fügt sie noch hinzu, ein lateinisches oder ein arabisches. Eine Fußnote assoziiert diese Bemerkung Nadjas mit der muslimischen ‚Hand der Fatima': „Sur la porte de beaucoup de maisons arabes, s'inscrit, me dit-on, une main rouge, au dessin plus ou moins schématique: la ‚main de Fatma'." Fatima, die Tochter Mohammeds, hinterließ die einzigen direkten männlichen Nachfahren des Propheten, wofür sie von den Schiiten als Heilige verehrt wird. Die rote Hand auf der Tür mancher arabischer Häuser, worauf die Anmerkung Bezug nimmt, mag auf den Brauch weisen, beim islamischen Opferfest Handabdrücke vom frischen Blut der getöteten Tiere an Häuserwänden zu hinterlassen, zur Verstärkung der magischen Wirkung einer ohnehin Kraft und Glück bringenden, segnenden Hand. Eine an der Tür angebrachte Hand dürfte deshalb weniger als Abwehr- oder Schutzgeste denn als Glücksbringer verstanden werden für die Person, die das Haus betritt. –

Als müsse das ‚weibliche' Element des Wassers vom ‚männlichen' des Feuers noch einmal abgesetzt und als müssten doch beide zusammengedacht werden, fügt die Erzählung nach ihrer Prophezeiung Nadja sogleich in das Bedeutungsumfeld des Wassers ein. Beim morgendlichen Bad entfernt sich ihr Körper, während sie die Wasseroberfläche anstarrt, zieht sich restlos zurück, löst sich auf in den Gedanken über dem Wasserspiegel, komplementär zur Feuer-Hand über dem Fluss. –

Es sind Männerhände oder wenigstens maskulin zu identifizierende Hände, die in den Erzählungen von *Poisson soluble* überwiegen, wenn auch vom Wasser, Eis oder Glas die Rede ist. Die ausgestreckte Hand über dem Wasser weckt nicht zuletzt biblische Assoziationen: ein männlich verfügendes Oben gebietet einem weiblich gefügigen Unten. Selbst wenn der Mann einmal seiner privilegierten Stellung enträt, wie der mit den Rauchglashänden, bleibt die Frau stets treu dem Element des Wassers zugetan, wechselt nicht hin zur vakanten Feuer-Stelle.

Eben so verhält es sich auch mit der Hermelin-Frau in dem abenteuerlichen Bericht der Nummer sechsundzwanzig. Die Versehrtheit der weiblichen Hand gereicht da dem Mann, wenn auch nur für kurze Zeit, zum ästhetischen Wohlgefallen. Der Erzähler hält fest: „Elle me dit aussi qu'elle s'était brisé la main sur une glace où étaient dorées, argentées, bleutées les inscriptions coutumières. Je pris cette main dans la mienne; l'élevant à mes lèvres, je m'aperçus qu'elle était transparente et qu'au travers on voyait le grand jardin où s'en vont vivre les créatures divines les plus éprouvées."

Das Kaleidoskop der transparenten Frauenhand, in dessen Genuss der Mann kommt, verdankt sich dem Aufeinandertreffen von Hand und buntem Spiegelglas mit Inschriften. Erst durch den Bruch, den diese Begegnung verursacht, nimmt die Hand die Eigenschaften des Glases in sich auf, sie transmutiert selber zur gläsernen Scheibe, die ob ihrer Durchsichtigkeit eine paradiesische Szene gewahr werden lässt. Das visuelle Erwachen jener göttlichen Kreaturen spielt sich ab auf Kosten einer Kristallisation des Organischen. Auch wenn nicht ausdrücklich die Hand als gläsern, lediglich transparent, ausgewiesen ist, befördert der Ort des Geschehens die Vorstellung einer Glas-Hand. Da, wo der Mann und die Frau sich gerade aufhalten, in der Nähe der Porte de Neuilly, befindet sich, nicht zufällig, ein kleiner Bruchglashandel – „un petit commerce de verre cassé". –

Erstarrtes Erwachen – das Vergessene, exemplarisch dafür die paradiesische Szene, offenbare sich dinghaft in den Objekten der Partialtriebe, hier etwa der gläsernen Frauen-Hand, hatte der deutsche Soziologe gemutmaßt, um am Ende seiner kleinen Rückschau anzumerken, dass die surrealen Entstellungen Zeugnis ablegten von dem, was das Verbot dem Begehrten angetan habe.

An einem Bewusstsein der Versagung oder einem erstarrten Erwachen ist dem französischen Essayisten und Literaturhistoriker indes nicht gelegen. Vielmehr, so der Franzose, und er spricht ausschließlich von der Literatur, vielmehr hätten die Surrealisten den Körper verfehlt. Dass sie die Sprache nicht verletzt haben, gehe einher damit, dass sie im Grunde eine normative Idee des Körpers gehabt hätten. Die Syntax sei regelrecht in ein Korsett geschnürt worden, gerade bei dem Autor von *Nadja* und *Poisson soluble*. Und schließlich, ohne auf die Häufigkeit von Quellen und Fontänen einzugehen, gibt der Literaturhistoriker zu verstehen: Das Bedeutende habe keine ‚Quelle'. Es sei immer diese Idee des Ursprungs, der Tiefe, des Primitiven, kurzum der *Natur*, die ihn am surrealistischen Diskurs störe. –

Hand und Quelle – im Glas erstarrt das Fließen des Wassers zum Kaleidoskop, es wird ‚handliche', greifbare Transparenz, wiewohl nur für einen Augenblick. Die Hand, die zu Glas mutiert, büßt ihre organische Handlichkeit ein, ihr Körperhaftes; sie gerät zu dem, was deutet und bedeutet, zu dem, was Einblick verschafft in Bereiche, die sonst den Sinnen verschlossen bleiben. Das Bedeutende muss darauf, um, getreu seiner ephemeren ‚Natur', eine fortwährende Starre zu verhindern, stets aufgelöst werden, gleich einem Fisch im Wasser.

Aus Georges Rodenbachs Handlinien

Am ehesten noch verbindet man den Namen des belgischen Autors mit dem Roman einer *amour fou* aus dem Jahr 1892, die sich in der Stadt Brügge abspielt und zu Beginn des 20. Jahrhunderts ihren Weg in die Oper gefunden hat. Im Original ist der Text mit fünfunddreißig Photographien illustriert, überwiegend Ansichten der Stadt, und hat dem Autor von *Nadja* als Anregung und Vorlage für seine Erzählung gedient. –

1896 erschien der Gedichtzyklus *Les Vies encloses*, und darin ein in neun Sektionen unterteiltes, langes Gedicht mit dem Titel *Les Lignes de la Main*. Da das Gedicht über die Handlinien Teil eines Zyklus ist, der von eingeschlossenen Leben handelt, deutet sich bereits an, dass auch den Linien der Hand etwas Verschlossenes anhaftet, etwas, das sich, offenkundig, nicht entschlüsseln lässt. –

Gleich zu Beginn lasse ich mich zu der Behauptung hinreißen, dass der Autor hier nicht bloß ein Gedicht geschrieben hat, das die Linien der Hand thematisiert, sondern dass, banalerweise, die Zeilen des Textes eben die Linien sind, die von der Hand herrühren, der Schreibhand. Das Gedicht über die Linien der Hand ist demnach der transkribierte Abdruck der Linien der Hand des Schreibenden, eine Übertragung der „racines de l'être", der Wurzeln des Seins, wie es am Ende heißt, in das Medium der Schrift. Doch das ist zunächst nur eine Behauptung. –

Ein Kritiker hat über den ersten Teil des Gedichts befunden, dass die Hand darin als eine Metonymie des Körpers, der äußeren Schönheit im klassischen Sinn gesetzt sei. Dem schließe ich mich an. Zwei Seiten der Hand werden da vorgeführt. „La main s'enorgueillit de sa nudité calme / Et d'être rose et lisse", heißt es ganz am Anfang. Blöße der Hand, das Unverborgene, Sichtbare. Die Hand führt sich auf nach menschlichem Gebaren. In den stolzen, eitlen Aktionen der nächsten drei Strophen, welche der Hand zugeschrieben sind – „La main exulte; elle est fière comme une rose"; „La main règne, d'un air impérieux"; „La main rit d'être blanche et rose" –, wird ein bloß synekdochisches Verhältnis nach dem Typ des *pars pro toto*, Hand für Mensch, überschritten. Dass die Hand in aller Unbekümmertheit sich aufspielt, jauchzt, herrscht und lacht, zeigt ihre eine Seite, das Äußere der Hand. Die Vergleiche resp. Gleichsetzung mit Vögeln („Comme un oiseau"; „une hirondelle") und Pflanzen („souplesses de palme"; „comme une rose") wie der Schmuck und die kosmetische Pflege („longs ongles polis"; „les bagues d'or dont se vêt l'annulaire") zeugen von einer Welt der Sichtbarkeit der Oberfläche, des Sehens und Gesehen-Werdens. Was indes schon in der zweiten Strophe anklingt – „l'envers est un réseau de plis!" –, führen die beiden letzten Verse des ersten Teils aus. Die Kehrseite des äußeren Scheins der Schönheit, das Innere der Hand, ist auch die Verkehrung der sorglosen Geschäftigkeit in ein starres Liniengeflecht. „Or pendant que la main s'enorgueuillit ainsi / D'être belle, et de se convaincre qu'elle embaume, / Les plis mystérieux s'aggravent dans la paume / Et vont commencer d'être un écheveau transi." Geheimnisvolle Falten, die sich im Inneren der Hand auf schlimme Weise vermehren und zu einem Durcheinander führen, dem, was einem Ordnungssinn der äußeren Welt widerstrebt.

Von den mysteriösen Handlinien kündet der Autor auch später noch, in seinen Erzählungen *Le Carillonneur* und *L'Arbre*; dort halten sie her für einen Vergleich mit einem Gewirr von Linien aus Blumen und Palmen, „aussi mystérieuses que les lignes de la main" oder Arabesken, die dem Tabakrauch entsteigen und als schicksalhaft ausgewiesen sind, „mystérieuses comme les lignes de la main."

Der letzte Vers des ersten Teils ruft den Grundgedanken des Barock in Erinnerung: die Nichtigkeit und Eitelkeit des irdischen Daseins, das dem Tod geweiht ist. „Vain orgueil, jeu coquet de la main pavanée / Qui rit de ses bijoux, des ongles fins, des fards; / Cependant qu'en dessous, avec des fils épars, / La Mort tisse déjà sa toile d'araignée." Dem koketten Spiel inhäriert also stets das Wirken eines personifizierten Todes, der die vereinzelten Schicksalsfäden zum Spinnengewebe verbindet, „en dessous". Gilt die Spinne als Vanitas-Symbol, so steht die Tätigkeit des Webens, des Zusammenführens von Fäden, für die Arbeit des Dichters ein. Auch wenn Letzterer nicht gemeinsame Sache mit dem Tod macht, sucht er doch dessen heimliches Spinnen aufzudecken, was nicht aufzudecken ist. Die topische Metapher vom Tod als Spinner und Weber ist schon Produkt der dichterischen Einbildungskraft für das, was sonst unerklärlich, bildlos bleiben muss. Wer spinnt und webt, das ist der Dichter selber.–

Im zweiten Teil des Gedichts wird das sonst Unsichtbare, wenngleich als wirksam Gedachte visualisiert in den Linien der Hand. „Les lignes de la main, géographie innée! / Ce sont d'obscurs chemins venus de l'infini; / Ce sont les fils brouillés d'un rouet endormi; / Ah! L'arabesque étrange où gît la Destinée!" Die Verortung des allmählichen Wirkens der Vergänglichkeit in den Linien der Hand erlaubt es, von einer geographischen Prägung zu sprechen, die einem von Geburt an mitgegeben ist. Von einer geprägten Form, die lebend sich entwickelt, wie der deutsche Dichter verkündete, ist hier indes nicht die Rede. Die Arabeske ist nicht als romantisch-märchenhaft ausgewiesen, sondern als das Dunkle, Fremde, in dem das Schicksal ruht. Der Schreibende schafft durch seine Zeilenfügung, eine Verkehrung jener „obscurs chemins", das Mysterium, das die Schrift, nicht die Hand, das Innere der Hand selbst ist. Die Linien der Hand, diese

„géographie innée", sind ein offenes Geheimnis, nicht der Hand, vielmehr der Zeilen, die sie produziert: „obscurs chemins". –

In der Folge stellt sich die Frage des Lesens. „Quelle magicienne en lira le grimoire / Si confus –". Es bedürfte schon einer Zauberin, die aus diesem so wirren Zauberbuch etwas herauszulesen vermag. Der Handteller, ein wirres Buch, das eine Zauberin zu entziffern wüsste, eine Frau. Der Dichter erzeugt das Wirre, Dunkle, Fremde, und eine Frau mit magischen Kräften läse daraus. Eine Frau, die selbst wiederum der Einbildungskraft des Schreibenden entspringt. „Quelle magicienne" – welche Zauberin nur wäre überhaupt zu einer solchen Lektüre fähig? Bei einer Schrift, deren Zeichen zwar definitiv, doch unaufgelöst sind. Ein Palimpsest, bedeckt von einem Durcheinander aus „fantasques écritures / dont le sens se dérobe et fuit sous les ratures". Es hat aber einst andere Linien gegeben, „des lignes belles" einer Sprache, deren Geheimnis verloren gegangen ist. Von Chaldäa ist die Rede, und den Sternen, deren Sinn die Hirten aus den „lignes parallèles" ihrer eigenen Hände herauszulesen vermochten. Solche Parallelität zwischen dem Irdischen und Himmlischen, zwischen Sterndeutung und Handlesen ist dem Dichter des *fin de siècle* abhanden gekommen. Die Unmöglichkeit einer Chiromantik, die der Text beschwört, gerade da sie zu Zeiten der Chaldäer als möglich gedacht wird, macht das Gedicht möglich. –

Dem historischen Gedächtnis folgt im dritten Abschnitt die individuelle Erinnerung. „Je me souviens de telles mains, mains gardiennes!" Ein Relikt jener Hirten-Hände lebt also noch fort im Gedenken des Einzelnen. Diesen Händen, die von dem Ich als so gütig, schützend, klar und zart empfunden werden, haben noch teil am Abglanz der Sterne aus der chaldäischen Zeit: „Elles s'entouraient d'un halo". Auch wenn der Name der Mutter ungenannt bleibt, zeugt die Fülle der Attribute vor allem des

Umhegens von einem archetypischen und idealtypischen Bild der sorgenvollen Mutterhände. Analog zum Konterfei der Sterne Chaldäas auf den Händen der Hirten damals spiegeln die Hände der Mutter in den Augen des Kindes ihr Liniengewirr, „miraient dans mes yeux l'écheveau de leurs lignes." Es sind Hände der Voraussicht, das Schicksal übertragende Hände. Vorausbestimmt ist das Schicksal des Nachfahren in den Händen der Anderen, die es an mich weitergibt: „Et le premier émoi de mes mains dans ces mains! / Attouchements définitifs qu'on croit bénins". Was so als Schutz und Hegen vorkommt, entpuppt sich zugleich als die Schutzhaft des Geheges. In ihrer definitiven Berührung werden sich diese Hände im Rückblick nicht stets als harmlos und gütig erwiesen haben. –

Nach dem lediglich zwei Strophen umfassenden vierten Teil des Gedichts, wo der Kontrast von Handrücken und Handinnerem beim Kind als besonders stark ausgewiesen wird, sucht der fünfte Teil die Linien der Hand als ein stummes Zeugnis für das Fortbestehen einer Rasse zu kennzeichnen. Der Dichter setzt hier das Wort „carrefour", also ‚Kreuzweg‘, um das Innere der Hand als Markierung und so das Individuum selber als bloße Durchgangsstation im Verlauf der Geschichte eines Volkes zu positionieren. „Halte éphémère, au carrefour de notre main, / De ces mille chemins traversant la main nue, / Venus de l'infini pour repartir demain; / C'est par eux que la Race en nous se continue." ‚Rasse‘ ist hier durchaus auch im weiteren Sinn als das Menschengeschlecht zu verstehen. Das Leben, so der Schreibende, ist demnach nicht allein individuell durch die Hände der Mutter, sondern historisch vorausbestimmt. Das Schicksal eines jeden Einzelnen ist unlösbar verbunden mit den Wegen der Menschheitsgeschichte, die auf der Hand sich kreuzen. „Or le sort de chacun se lie à ces chemins... / Comment dès lors pouvoir changer sa destinée?" –

Die Abschnitte sechs bis acht unterscheiden sich von den übrigen formal dadurch, dass sie nicht jeweils in Vierzeilern angeordnet sind, allerdings unter Beibehaltung eines kreuzenden oder umschließenden Reimschemas. Im sechsten Teil wimmelt es nur so von Attributen, die Händen zugeschrieben werden als Belege dafür, dass die Seele sich darin manifestiere. „Ô mains non moins spirituelles que charnelles! / Les mouvements sans fin de l'âme sont en elles". Als ein Widerspruch zur Unabänderlichkeit und Vorherbestimmtheit durch das Schicksal, das dem Menschen, in den Linien der Hand sichtbar, aber nicht lesbar, auferlegt ist, mag es da erscheinen, wenn es auf einmal heißt: „Mains – des outils pour se façonner son bonheur!" Werkzeuge, um das Glück zu gestalten? Welcher Art könnte ein solches Glück sein, das womöglich dem Schicksal zuwider läuft oder ihm wenigstens Paroli bietet?

Der siebente Teil scheint eine Antwort auf diese Fragen zu geben. Eine Arbeit am Glück vermag letztlich nichts auszurichten gegen die Schicksalsmacht, ein hoffnungsloses, gleichwohl unverzichtbares Unterfangen. Von müden, erschöpften Händen kündet der Abschnitt. „Mains qui voudraient un peu s'amarrer à la rive, / Mains que la vie, au fil de son courant, entraîne / Mains sans espoir et sans désirs, à la dérive..." Der Abschnitt korrespondiert so mit dem vierten, wo die Kinderhände noch als rein, frisch und neu typisiert sind. Beide Abschnitte, die kürzesten des gesamten Gedichts, umfassen nur acht Zeilen. –

Der Ort aber, an dem die Seele, nach dem Ermessen des Dichters, sichtbar wird, ist die Bildende Kunst. Wenn der Schreibende von „les portraits anciens" spricht, hat er dabei die Portrait-Malerei des Barock im Sinn. Die Hände auf jenen Bildern, so der Dichter, seien gereift, „comme des fruits ambrés". Was nun wäre das Seelenvolle der Hände, das man auf den Gemälden erforschen könnte? Es ist der Ausdruck des Kunstwerks, eingedenk des Verlusts jener Fähigkeit, die Sterne zu deuten und aus den Linien der Hand zu lesen. Die Werke der Bildenden Kunst verwahren, was nicht auf Anhieb gelesen werden, nur erscheinen kann. Die Frage nach der Analogie von Gesicht und Hand und ihrer Lesbarkeit, die ich im folgenden Kapitel zum deutschen Schriftsteller aufgreife, stellt sich auch hier im achten Teil des Gedichts: „Les mains ne sont-ce pas les échos du visage / Qui divulguent ce qu'il taisait comme un secret? / Comment élucider le sens d'un paysage?" Die Hände legen also, vor aller Sprache, offen, was das Gesicht, einem Geheimnis gleich, verschweigt. Wie aber Licht in den Sinn dieses offen Gelegten, dieser Handschaft, bringen? Es verwundert nicht, dass der Dichter sogleich vom Rätselcharakter der gemalten Hände spricht, „l'énigme des mains peintes". Über diesen, den Rätselcharakter der Kunst, hat der deutsche Philosoph und Soziologe geurteilt, dass Kunst zum Rätsel werde, weil sie erscheine, als hätte sie gelöst, was am Dasein Rätsel sei. Die Bestimmtheit der Handlinien, die eine Aufklärung ihrer Rätselhaftigkeit als lesbare nahelegen, ist nicht Unmittelbarkeit des offen da Liegenden, Dargebotenen, vielmehr ist sie Figur der Antwort aufs Rätsel, die, als Arabeske, das Gedicht konstituiert. –

Der letzte, neunte Teil des Gedichts liest sich wie der Versuch einer Zusammenführung, einer Quintessenz dessen, was allen Händen gemeinsam ist. Alle Hände „ont pour tourment caché ces lignes fines, / Ces méandres de plis, cet enchevêtrement; / Or on dirait des cicatrices de racines, / Nos racines que nous portons, secrètement." Die Rede von den Wurzeln, unseren Wurzeln, den Wundmalen, die sie sind in ihrem Gewirr, lässt mich an die botanische Metapher des Rhizoms denken, die von den beiden französischen Epistemologen als Gegenmodell zum hierarchisch linear ausgerichteten Baumdiagramm der Taxonomie eingeführt worden ist. Das Rhizom galt ihnen als antigenealogisches, dezentriertes, nicht hierarchisches System, das fortwährend demontiert, revidiert, modifiziert werden, wo man an jeder beliebigen Stelle einen Anschluss knüpfen, wo jeder Punkt mit jedem anderen verbunden werden kann. Die Metapher der Verwurzelung und der Wurzeln entspricht indes, so die beiden Forscher, noch einem „système-radicelle" der Moderne, bei dem eine lineare Einheit nicht zerschlagen, höchstens zugunsten einer höheren Einheit überwunden wird. Der belgische Dichter kündet am Ende seines Gedichts zwar auch von den „racines", die wir als einen geheimen Grund in uns oder an uns tragen, was konform geht mit der klassischen dichotomischen Vorstellung von Oben-Unten und Außen-Innen. Gleichwohl spricht er von einem dem Rhizom ähnelnden Geflecht, von „méandres de plis" und „enchevêtrement", was nichts anderes mehr bedeutet als Vorherbestimmtheit des Schicksals, das im unentwirrbaren, nicht mehr verstehbaren Dasein bloß noch abgewickelt wird. Die Rede vom Wesentlichen, mit der der Dichter in der nächsten Strophe anhebt, bleibt der klassischen Idee eines Zentrums verhaftet; wenigstens scheint das auf den ersten Blick so: „C'est là, nous le sentons, que gît l'essentiel; / Ces lignes sont vraiment les racines de l'être; / Et c'est par là, quand nous commençâmes de naître, / Que nous avons été déracinés du ciel." Wesen und Wahrheit, das sind Zentren der abendländischen Metaphysik; und doch steht am Anfang des Daseins die Entwurzelung vom Himmel, eine Entbindung, welche eine Geworfenheit in die Existenz schon voraus nimmt, eine Zertrennung der linearen vertikalen Einheit von Oben und Unten. Dass eine klassische Anbindung an den Himmel verloren ist und das Innere der Hand mit den Linien als Ursprung des Daseins figurieren soll, ruft als Ordnungsmodell letztlich den poetischen Gestaltungswillen auf den Plan. Demnach wissen wir nicht, ob das Wesentliche im Liniengeflecht der Hand liegt; wir fühlen es nur, „nous le sentons". Und das Verb

‚gésir', das dem Wesentlichen beigefügt ist, deutet auf das *ci-gît* einer Grabinschrift hin: hier ruht das Wesentliche, hier ist es begraben. Und wenn es heißt, „Ces lignes sont vraiment les racines de l'être", dann sind nicht allein die Linien im Handinneren gemeint, sondern die Zeilen der federführenden Hand selbst. Und wenn die erste Zeile der letzten Strophe des Gedichts lautet: „La main en a gardé la preuve indélébile", dann liegt der unauslöschliche Beweis für die Entwurzelung nicht bloß in den Linien der Hand, sondern die Handschrift selbst hält diesen Beweis auf dem Papier fest, unauslöschlich.

Aus Botho Strauß' und Adalbert Stifters Händen und Gesichtern

In seinem Buch *Vom Aufenthalt* aus dem Jahr 2009 hat der deutsche Schriftsteller zu Gesicht und Hand folgende Notiz hinterlassen: „Die unüberprüfbare Fiederung, die verschlungenen Federstriche im Gesicht unserer Hand – und die Gesichtszüge selbst. Die Vision, die jedes Gesicht ist. Und deshalb die Hände, die das Gesicht bergen."

Das Gesicht, so hat der Autor schon in seinen früheren Aufzeichnungen bemerkt, sei zwar die Blöße selbst, doch diese Unverhülltheit könne nicht klar gefasst und gedeutet werden. Das Gesicht sei daher „auch immer ein rätselhafter Schleier von Gesichtern." Anstelle kurzschlüssiger physiognomischer Analytik, die vom äußeren Erscheinungsbild eines Menschen auf sein Wesen schließt, müsse das Gesicht wie der Traum gelesen werden, denn „das Gesicht *ist* die Traumsprache jeder Begegnung." Ständig werde man dann von der Forderung nach einem nüchtern-rationalen Ansatz wieder ins Imaginäre zurückgestoßen.

Was der Betrachter hier nicht erwähnt, ist ein Umstand, den der Zürcher Literaturwissenschaftler zu bedenken gegeben hat: Wenn das Gesicht als eine Landschaft, in der sich ein Seelenzustand spiegelt, aufgefasst und gelesen wird, dann ist es um die Seelenregung des Betrachters, nicht die des Betrachteten zu tun. Wenn, wie es in jener Notiz heißt, die Hand ein Gesicht hat, dann scheint sie zunächst die Gesichtszüge auf merkwürdige Weise zu verdoppeln. Auch sie müsste, gleich dem Gesicht, wie ein Traum gelesen werden; auch die Hand geriete zur Projektionsfläche seelischer Regungen des Betrachtenden. –

„Die Vision, die jedes Gesicht ist." Vision, das meint ein Traumgesicht, aber eben auch eine Erscheinung, ein Trugbild, womöglich eine visuelle Halluzination. „Vision", das ist ein Effekt, der, ausgehend von einem Gesicht, sich beim Berachtenden als Spracheffekt niederschlägt, sofern denn aus der Traumsprache gelesen wird. Die Hände indes sind nur ein zweites Gesicht. Sie bergen das erste, ohne es zu verhüllen, denn auch sie, das verdoppelnde ‚Gesicht', sind eine ‚Vision'. –

An dieser Stelle erlaube ich mir zurückzuschauen und kurz bei einem Paar zu verweilen, dem sich eine Studie aus dem Jahr 1840 gewidmet hat. Da sind die beiden allein in dem großen Zimmer. Die junge Dame hat dort am Fenster gesessen, als der junge Mann eintrat. Sie erhebt sich, geht ihm entgegen und grüßt, ohne Worte, ohne Händedruck, mit den Augen aber, die ihn „freundlich" ansehen. Dann verlegene Erkundigungen nach dem Befinden des anderen. Krank sei sie gewesen – und er? Er bekennt, dass es ihm wohl ergangen sei. Ein Blick, ein „verwundernder" Blick, der von ihr auf ihn zufliegt. „Das Rot des Antlitzes", heißt es von der Frau, „war im raschen Umwenden ihrer Gestalt nur hinter den Schläfen sichtbar geworden, und den tiefen Unmutsblitz des Auges hatte nur der Spiegel aufgefangen."

Was ist der Spiegel anderes als der ‚visionäre' Blick des betrachtenden Erzählers! Die Verwunderung versetzt Hände in Regung, Verlegenheit füllt den Raum an. Er, der sie vor einiger Zeit im Malen unterrichtet hat, steht jetzt hinter ihrem Rücken, während sie, sitzend, zu malen beginnt. Die Worte versiegen, und alle Scham und Scheu fließt ab in die mit langen Pinselstielen bewehrten Hände. Stunden vergehen, bis der junge Mann unvermittelt sich von seinem Standort wegbewegt, zum Fenster hin. Ein dumpfes Geräusch, das er vernimmt, lenkt seinen Blick zurück ins Innere des Raums. Die junge Frau hat das Malzeug weggelegt und die so befreiten Hände auf ihr Gesicht gedrückt. Doch befreit sind sie nicht. Sie schützen, verhüllen den Ausdruck der Scham, und zugleich, als gesichtsverdoppelnde Kräfte, stellen sie die Scham bloß, wo die Worte versagen und an ihrer statt Tränen fließen.

Die Hände vor dem Gesicht markieren ein Verhältnis zwischen verhinderter Nähe und einem Reflex der Entfernung. Die Hände vor ihrem Gesicht schützen dann weniger vor dem Anblick des anderen, als dass sie den eigenen Blick abdunkeln, den Blick, der schon verwässert ist, um selber nicht sehen zu müssen, wie der junge Mann in seiner Weise des Anblickens sein Missfallen bekundet. Der Anblick aber des in den Händen geborgenen wie verborgenen Frauengesichts löst bei dem Mann zuerst die eigenen Hände, und da es ihm nicht gelingt, ihre Hände vom Gesicht abzuziehen, löst er die Sprache, die bei ihr sich in Tränen aufgelöst hat. Es ist also kein beschämender Blick, der den Mann zum Sprechen bringt, sondern der Anblick des mit Scham erfüllten, sich selbst herabsenkenden weiblichen Wesens, der seine Männlichkeit zur Sprache erweckt. –

Diese, und nicht nur diese Szene des österreichischen Erzählers aus dem 19. Jahrhundert nehme ich mir als eine Folie zur Lektüre für manch spätere Prosaskizze und Reflexion des deutschen Autors, der etwa in *Niemand anderes* (1987) eine Episode zu ‚später Schüchternheit' wiedergegeben hat. Ein Wiedersehen auch hier von Mann und Frau, jedoch kein Besuch, vielmehr ein Treffen in einem Restaurant nach einer Woche Urlaub, die sie allein im Tessin verbracht hat. Ein Gegenüber von Zweien, bei denen der Glückspegel schon gesunken ist.

Während in der Novelle vom *Kondor* eine kleine Körpergeschichte der weiblichen Scham inszeniert wird, die am Ende sich in eine (männliche) Aussprache entlädt, ganz gleich, mit welchen Folgen, hält die Prosaskizze aus *Niemand anderes* die Entfaltung jeglichen Gesprächs unter Verschluss. Ein Ungespräch stattdessen, eine Anatomie des inneren Monologisierens, eines stillen Monologisierens, das fiktionalen, narrativen Ordnungsprinzipien gehorcht und so dem ausgefransten Ungefähr dessen, was einem durch den Kopf geht, zur schriftlich definierten Form verhilft. Die Anstrengung, die, wie es einmal heißt, in dieser „verdammten Nähe" von beiden eingefordert wird, führt sie nicht aus sich heraus, zum anderen hin, sondern lässt ihr Denken kreisen in monadologischer Fensterlosigkeit. Wo die Sprache versagt ist, gebärdet sich der Körper, ist es den Händen aufgetragen, Position zu beziehen.

„Der Mann neigt den Kopf, die Arme über der Brust gekreuzt, Kinn und Wange zwischen Daumen und aufgerichtetem Zeigefinger." Eine Attitüde der Selbstbeherrschung, Abschirmung, auch beginnende Ermüdung, da Daumen und Zeigefinger bereits ihre Stützarbeit leisten müssen. Die Vereinzelung des nach oben gereckten Zeigefingers mag etwas Drohendes oder auch nur Hochmütiges an sich haben. Sie, die Frau, die nicht wortmächtig ist, nicht erzählen kann, spürt „sein drohendes Zuhören", das seine Arme, Hände und der Zeigefinger ihr signalisieren. Die Frau ihrerseits „sitzt mit aufgestützten Ellenbogen am Tisch. Die beiden Hände sind flach ineinandergesteckt. Mal knickt sie das rechte, mal das linke Handgelenk ab. Und zuweilen legt sie das vorgeschobene Kinn auf die verflochtene Fingermatte." Auch hier die Angestrengtheit, Erschöpfung von Beginn an. Gerade das Abknicken der Handgelenke, so scheint mir, zeigt die Instabilität des Gestells an, Verlegenheit, Beklemmung und das Unstete im Geiste.

Am Ende das Gebrechliche ihrer Hände, das ihm metonymisch einsteht für ihr ganzes Wesen, es wird zu einem kleinen individuellen Mahnmal, das ihm das Recht einräumt, sich von dieser Frau fernzuhalten. „Stärker als alle getrost zupackenden Hände, die je an seine Haut gelangten, wird ihm ihre gehemmte, notleidende Hand in Erinnerung bleiben, die nicht fassen, nicht greifen, nicht einmal streicheln konnte, sondern nur immer dies periphere, verwischende Reiben über sich brachte." Es bedarf nur noch des sich verfestigenden Gedächtnisbildes dieser als regressiv empfundenen Hand, um das gemeinsame Leben mit der Frau endgültig im Kasten der Memoria abzulegen. Dieses Hand-Bild kommt einem Marker gleich, der es erlaubt, die Affäre, oder das Zusammensein, als etwas abzutun, worüber weiter nachzudenken nicht lohnt. –

Schon in seinen Prosaskizzen *Paare, Passanten* (1981) hat der Beobachter nach seiner Lektüre des französischen Paläontologen zur Regression der Hand von einer „psychosozialen Schüchternheit" gesprochen, dem Ungeschick nämlich, nicht zu wissen, „wohin mit den Händen". Es fällt auf, dass in den verknappenden Aufzeichnungen *Vom Aufenthalt* ein fiktional wohlgeordnetes, man könnte auch sagen ‚visionäres' Monologisieren, wie es in der Szene des Wiedersehens von „Späte Schüchternheit" verfügt ist, sich verflüchtigt, der Stil sich weder in Spielarten der erlebten Rede noch des inneren Monologs ergeht, vielmehr dem Fragmentarischen eines *journal intime* sich annähert, wo bei der Kürze der Ausschnitte auf Titelgebungen verzichtet wird und dem Schreiber nicht daran gelegen ist, fremde Köpfe auszuleuchten. Die Sprache wirkt weniger introspektiv als entrückend verdunkelnd. Wo Scham, von der der Betrachter meint, dass sie verdrängt und ihre „weltbewegende Kraft" verharmlost worden sei, und Schüchternheit die Sprache verschlagen, ist das Augenmerk auf das Rätselhafte einer Szene gerichtet. Eine Art Diagnostik des Symbolischen ist der Index des so aufmerkenden Betrachters. –

Da haben Mann und Frau Platz genommen in Sitzmulden, die in einen Granitblock eingeschliffen sind. Die Frau spricht, was auch immer, der Mann schweigt neben ihr. „Sie saß mit angezogenen Beinen, die ein knöchellanges Kleid bedeckte. Die Hände waren so vor den Knien verbunden, dass die linke fest das Handgelenk der rechten umklammerte." Aus dieser Umklammerung heraus deutet der Betrachter Unausgesprochenes, ein Unkontrolliertes, ich erlaube mir zu sagen unbewusstes Vorsprachliches, das sich gleichwohl äußert in der Verflochtenheit der Hände. Ausdruck, nicht Zeichen der Hände. Die Frau spricht, und ist ihrem Sprechen doch immer schon voraus, in ihrer leiblichen Objektivation, hier insbesondere der Konfiguration der Hände, die von ihr sprachlich nicht übertragen werden könnte, sonst spräche sie nicht. Dies zu leisten, das sich so körperlich äußernde Mit-der-Sprache, diese Äußerlichkeit sprachlich einzuholen, ohne sie rational dingfest zu machen, getreu einer ‚visionären' Traumlektüre, ist das Anliegen des schreibenden Betrachters. „Und alle Kommentare des Herzens gingen aus dieser gefangenen Hand hervor, dem Bund der Finger, wenn sie sich plötzlich spreizten, dann wieder sich lose krümmten oder heftig zusammenballten, ermüdet niederhingen oder auch mit Zeigefinger und Daumen ein tonangebendes O formten."

Die rechte Hand ist hier kein Gestengeber, sie indiziert nicht, sie weist nicht an und nicht aus. Dass sie von der linken im

Zaum gehalten wird, ist die Bedingung für jene Kommentare des Herzens, die der Betrachter aus ihrer Gefangenschaft liest. Dabei trotzt er der Ausdrucksform eine Zeichenhaftigkeit ab, auch wenn er sie der Unbestimmtheit, ja Unbestimmbarkeit überantwortet; das „tonangebende() O" allerdings erweckt den Anschein, als stünde die Hand am Anfang eines Sprachbildungsprozesses. Nicht dass die rechte Hand, losgelassen, nach surrealistischem Verständnis, sich verselbständigen könnte und anfinge zu reden. Würde aber nicht Hand angelegt an die Hand, dann wäre die Figur nicht augenfällig, sie würde die Aufmerksamkeit des Betrachters nicht an sich binden. Sie, die nicht zurückgehaltene Hand, könnte freilich dem Auftrag des Herzens entraten und einfach durch den Wind gestikulieren oder antriebslos im Schoß liegen, eine von der Seele abgestoßene Gliedmaße. Die rechte Hand ist schon soweit vom Aufruhr des Herzens angerührt, dass ihr die linke Einhalt gebieten muss, um die Kontrolle zu wahren, Kontrolle des Körpers, aber nicht mehr der Rede, die ihm entsteigt.

Das Herz spricht nicht, das Eigentliche, das ‚wahre Wesen' im Inneren. Auch die Hand spricht nicht, doch die Evidenz ihrer Äußerlichkeit, ihre Blöße – es liegt auf der Hand – lässt den Betrachter ihr ein stummes Sprechen zukommen, ein Sprechen, das man sehen, aber nicht hören kann. Ein Sprechen, das nicht einem konventionellen Zeichensystem entspricht, wie das etwa bei der Gebärdensprache der Fall ist. –

Der Mann indes, der an der Seite der Frau sitzt, schweigt, bemerkt jene Handnoten des Herzens gewiss nicht. Über das Was der Rede der Frau teilt ja der Betrachter nichts mit, er erwähnt aber ein „dunkles Tuch", das „plötzlich über das Gesicht des Mannes fiel." Ein sprichwörtliches Tuch, das ihn weder sehen noch hören lässt, ihm die Sinne raubt. Der Mann, so der Betrachter, habe wohl die ganze Zeit auf den Kuss der Frau gehofft, „der ihn von ihren Worten erlösen würde, wozu es dann aber nicht mehr gekommen war." Am dunklen Tuch hat das inständige, unentwegte Hoffen immerfort weiter gewoben, ohne dass der Mann das gewahr worden wäre. Als dann das Gewebe fertig war, hat es sich, einem Fatum gleich, über sein Gesicht gelegt und ihm den Ausblick genommen auf ein Gemeinsames, ein Leben in Zukunft, Seit an Seit, gemeinsame Unternehmungen oder auch nur die kurzfristige gemeinsame Nacht. –

Ein anderes Paar, genauer zwei, die sich gar nicht kennen, die aber durch eine flüchtige Berührung arg in Kontakt geraten. „Es war da eine, die er nur flüchtig gestreift hatte, und schon blieben ihre Hände aneinander hängen, verfalteten sich, und sie rannten sofort los, gerieten in ein sich überstürzendes Planen, der Entwurf einer großen Umarmung entstand, immer im Laufschritt die Straße entlang." Die Fieberkurve der Zukunftsprojektionen erreicht ihren Zenit in einem verbalen Schwall emphatisch grober Ausmalungen, sie fällt ebenso wieder, wie die Flut verebbt, und die Betrachtung endet mit dem Satz: „Ihre zum Greifen nahe Zukunft zog sich zurück, ebenso schnell, wie sie vorgesprungen war, alles verrann im dünnen Sand der Gegenwart, die, am Ende der Laufschritte, nichts anderes zuließ, als dass sie sich immer noch fest bei der Hand hielten."

Sicher ist es die Handanziehung zu Beginn, ein wundersamer Magnetismus, der die Extase entfacht. Durch die aneinandergeratenen Hände und die energetischen Ströme, die jetzt nicht mehr an die eigene Körpergrenze stoßen, glaubt man, das Individuationsprinzip zerbrochen zu haben. Derweil erschöpft sich der Rausch in den Vorsätzen, die jeder für sich, mit dem großen ‚Wir' garniert, nur mehr von dem anderen noch befeuern lässt. Es sind Sprachturbulenzen, die lediglich ein klägliches Zerrbild abgeben von einem dionysischen Zwischenhoch, das aus den Alltagsebenen blendend herausragt. Die Worte sind bekanntlich nicht die Dinge, und die Zukunft ist niemals zum Greifen nah. Infantile Täuschung zwar, da die Hände noch immer sich anfassen, dass die Vorstellungsbilder aus der emphatischen Rede, die sie in ihrer griffigen Verbundenheit auslösten, nicht zu fassen sind. Die Bindekraft des Hand-in-Hand wirkt aber so stark, dass auch der Fall aus dem Fieber des Imaginären in die Gegenwart zurück die Hände nicht aus der Fassung bringt. –

Auf das Phänomen der Händeanziehung kommt der Betrachter dann an anderer Stelle zurück. Wieder ein Mann und eine Frau, fremd einander, Letztere wohl wissend, was es heißt, sich neben den Mann vor das Fenster zu stellen und hinaus zu schauen. „Beide, die sich nicht kannten, standen still nebeneinander, ihr rechter Arm hing neben seinem linken, beide Hände hingen, bis sie nach kurzer Zeit sich verhakten und falteten und sich heftig drückten." Hier fallen keine Worte, es genügt die Position, die der Betrachter als „anfälligste" zwischen zwei fremden Menschen bezeichnet. Das Fenster ist nicht irgendein Fenster oder ein bestimmtes, vielmehr ist damit eine topologische Eigentümlichkeit gegeben. Die Aktion „gemeinsam aus dem Fenster schauen" ist durch die Charakteristika des Fensters gewährt, ein Schwellenort zu sein zwischen Drinnen und Draußen, eine durchsichtige Fläche, die das Undurchlässige der Wand perforiert und eine Öffnung ins scheinbar Unbegrenzte schafft. Diesem Ausblick, der die zwei Menschen sich einander nicht zuwenden, nicht ansehen, sondern beide nach vorn blicken lässt, wohnt die Idee des Zukünftigen inne.

Die Handanziehung geschieht wie von Geisterhand, sie geht einher mit dem Blick durchs Fenster, ins Offene, als überschreite man gemeinsam eine Demarkationslinie; sie vollzieht sich als unausgesprochenes Versprechen, als wollte man sagen: ‚die Zukunft ist unser'. Eine der anfälligsten Positionen sei es, schreibt der Beobachter, gemeinsam aus dem Fenster zu schauen. Gemeinsam vor dem Fenster zu stehen und sich anzuschauen, ohne dass man einander kennt, hätte wohl keine Handanziehung zur Folge, eher ein Sprachsickern, das Bemühen um unverbindliche Konversation. –

Das Auge des anderen ist mir kein Fenster zu seiner Seele, ich halte seinem Blick nicht stand und wende mich ab. Die Handanziehung wird begünstigt, wenn ich, neben dem anderen vor dem Fenster stehend, ihn nicht anschauen muss, sondern, wie er, das Auge der Welt betrachten kann, das mir die Sehnsucht verheißt. Beim Anderen, der nicht der ist, der neben mir steht, im Imaginären, in dieser wunderbar fremden Nähe, bin ich nur dann, wenn ich nicht abgelenkt werde durch seine offensichtliche, plumpe körperliche Anwesenheit. –

Auch der österreichische Erzähler berichtet in seiner Novelle von einer Fensterszene. Die Tränen der jungen Frau sind getrocknet, der Kuss vorüber, und der junge Mann hat schon seine männliche Rede zur Bedeutung des Kusses abgegeben und sein Gegenüber damit in Staunen versetzt. Was nun, da das Reden versiegt ist? Der Erzähler hält fest: „Sie waren mittlerweile an das Fenster getreten, und so sehr jedes innerlich sprach, so stumm und so befangener wurden sie äußerlich."

Hier tun Hände nichts mehr zur Sache. Das Fenster scheint zum Fluchtpunkt zu geraten, als werde es im Zimmer, so sehr in der, wie es beim deutschen Autor geheißen hatte, „verdammten Nähe" des anderen, auf einmal zu eng, als müsse man sich davonmachen, um, wie der Erzähler bemerkt, „die stumme Übermacht ins Einsame zu tragen". Die Zukunft der beiden ist ungewiss, ein gemeinsames Schauen aus dem Fenster hat nicht statt. Das Stehen am Fenster, ohne dass sie hinausschauen und ohne dass sich die Hände fassen, impliziert den bevorstehenden Aufbruch, die Trennung der beiden, die mit Scham, Scheu und Schüchternheit voreinander bereits konfrontiert worden sind.

„So standen auch die beiden an dem Fenster, so nahe aneinander und doch so fern." Und man ahnt, dass es eine gemeinsame Zukunft nicht geben wird.

Aus Terézia Moras gewaltsamen Händen und denen der Mutter

Bilder von der Mutter steigen in mir auf, kurze Ausschnitte aus ihrem Leben, das ein langsames Dahinsterben gewesen ist. Bilder auch jener anderen Mutter aus dem anderen Land, die hochkommen, als ich in der Erzählung der aus Ungarn stammenden Autorin lese, und nicht zuletzt Lektüren über hinterbliebene Söhne nach dem Tod ihrer Mütter.

Mit einer chronologischen Ordnung wartet die Erzählung hier, wie auch die anderen, die ich kenne, nicht auf. Der Blick auf das Leben der Mutter ist stets ein Rückblick. Zusammenhänge häufen sich, und Lücken tun sich auf, je mehr an Erinnerungspartikeln zusammengefügt werden. Das weiß auch der namenlose Ich-Erzähler, der als einer der jungen Söhne in dem Text figuriert, dem Text, der symptomatisch den Titel *Die Lücke* (1999) trägt. Und nicht nur die Erinnerung des Jungen weist Lücken auf. Schon die Mutter selbst hat die Lückenhaftigkeit vererbt, wenn sie von ihrem immer wiederkehrenden Traum zu erzählen versucht hat, dem Traum vom Haus, dem Irrenhaus. –

Wenn irgend von einem Erzählanlass die Rede sein kann, dann ist es die unerwartete, verfrühte Entlassung der Mutter aus einer Klinik, in der sie eine unbestimmt lange Zeit zugebracht hat. In einem ersten Stadium hatte man sie nur für überspannt, übermüdet gehalten und ihr ein paar Tage zur Kur verordnet. Später, nach längerem, wiederholtem Aufenthalt dort galt sie als

„officiel" krank. Ihre Heimkunft, auf eigenen Wunsch etwas früher, bringt das häusliche Leben durcheinander, das während ihrer Abwesenheit in gewohnheitsmäßigen Bahnen verlief. Die mütterliche Störung fordert nun das Erzählen heraus, stellt seine ordnungsbildende Kraft auf die Probe. Oder aber der Tod erst, der Suizid der Mutter ruft das Erzählen auf den Plan, denn auch wenn ihr Dasein nach der Rückkehr aus der Klinik im Alltagsleben der Familie für schwer erträgliche Zustände gesorgt hat, reißt ihr Ableben eine tiefe Lücke in den Lebenszusammenhang, die bedacht werden muss. Erst aus dieser Lücke kommt das Leben zur Sprache. –

Von den übrigen Figuren aus der Familie ist zunächst der Vater zu erwähnen, ein Dreher von Beruf, schmächtige Person mit einer „kleine(n) schneeballharte(n) Faust"; dann der größere Bruder, der ab und an zulangt, seine Frau verprügelt, die ihm eher wie eine fleischfressende Pflanze vorkommt, nicht wie ein Mensch: „Wolfsmilchgewächse", sagt er. „Man faßt sie an und sie laufen über. Sie bleiben einem an der Hand kleben und werden braun und bitter." Maria, so heißt seine Frau, schläft, wie sie zugibt, alle zwei Stunden ein. „Es setzt einfach aus. Dabei bewegen sich die Hände weiter, ich rechne ab, ich gebe heraus, dann komme ich nach Hause und falle ins Bett." Hände, die das Denken verlernt haben, nurmehr einer automatistischen Mechanik gehorchen. Kinder, „Bälger", gibt es natürlich auch, sie sind aber nicht weiter von Belang. Bleibt noch Luisa, die bei dem Vater eingezogen ist, als die Mutter in die Klinik gebracht wurde. Sie sei unfruchtbar, heißt es einmal, die Mutter, in Rage geraten, nennt sie eine Prostituierte.

Dann ist da, außerhalb der Familie, das Mädchen aus der Bar des Hotels, wo der Erzähler nächtliche Faxe auseinander schneidet. Sie stiehlt und will weg aus dem Dorf, so bald wie möglich. Überhaupt das Dorf und seine Bewohner, eine Art Schicksalsgemeinschaft, aus der es kein Entrinnen gibt, nur eben gelegentlich Ausbrüche von Gewalt, alkoholische Exzesse, Rotwein, Sekt, einen Dorfball.

Ein Motto der Erzählung, es könnte von Maria stammen, die einmal verlauten lässt: „Angst und Gewalt. Die Männer haben Panik, die Frauen haben Panik, alle. Gewalt ist gut, das hat Umrisse." Und diese Umrisse, diese handfesten Konturen rahmen die Lücken ein, die leeren Stellen des Nicht-Verstehens, die Lücken in der Erinnerung. Es nimmt nicht wunder, dass die Mutter im Verlauf ihrer Nervenkrankheit eine Putzneurose ausgebildet hat. Sie beugt sich zu den Steinfliesen herab und „spricht mit sich, mit den Fugen". Was sie redet, wirres Zeug, zeugt von ihrem völlig aus den Fugen geratenen Leben.

Die Aufgabe des Sohnes als Erzähler ist es letztlich, die Lücken zu schließen, aus den aneinandergefügten Szenen einen Text zu verfugen. Dass er neben seiner Tätigkeit im Hotel auch boxt, ist nicht unwesentlich. Auch dem Boxer ist es darum zu tun, Lücken zu schließen, um hier und da nicht getroffen zu werden. –

Die Anfangsszene mit den Worten „Links, rechts. Ich schlage zu. Ich schlage ihn" führt die Gewalt ein in den Text, und den Schmerz, vor dem es keine Angst zu haben gilt. Dass gleich eingangs nicht eine Person auf eine andere eindrischt, sondern auf den Sack, und der Trainer meint, aus dem Schläger werde nie ein richtiger Boxer, es fehle ihm an Aggressivität, nimmt zugleich die Gewaltausübung als Triebabfuhr, die sich an anderen Menschen auslässt, ein Stück weit zurück, leitet sie um auf den Sack. Das Material der Erinnerung wird von der Schreibhand des Erzählers bearbeitet wie der Sack mit der boxenden Hand. Der Kampf, Mann gegen Mann, sei ihm „zuwider geworden", bekräftigt er zu Beginn. Als könnte das Boxen zu einer Vorübung oder begleitenden Übung geraten, nur um besser schreiben zu können.

Schläge, Verletzungen, werden mit der Hand, der Faust, beigebracht. Da trifft es den Mann vor der Kinokasse, der in die Tasche der früheren Freundin des Erzählers gegriffen hat, ohne dass Worte gewechselt worden wären. Es ist das einzige Mal, wie der boxende Erzähler versichert, „daß ich einen angefaßt habe." Der größere Bruder schlägt seine Frau Maria, weil er ihr Lachen nicht erträgt: „Und dann haut er drauf, aufs Lachen drauf, auf den Mundwinkel. Wie es klatscht. Aber das Lachen, die Zähne, das dunkle Zahnfleisch bleiben noch eine Weile dort. Sie bekommt den Tisch ins Kreuz, sinkt auf ihn nieder. Eine Weile wedelt sie ratlos mit den Armen." Es tut nichts zur Sache, warum Maria lacht; die Erzählung gibt keine Auskunft darüber. Der Vater, wenn er handgreiflich wird gegen die Mutter, boxt nicht, als sei er zu gebrechlich, könnte sich verletzen durch seinen eigenen Fausthieb. Vielmehr dringt seine Hand, nach Frauenart, ein in die Körpermasse des Anderen. „Vaters Hand. Gespreizte Finger. Sie greifen in ihr weiches weißes Fleisch. Tief hinein. Geh weg, du ekelst mich an!" Er läuft ihr nach durch die Wohnung, und „Vaters schneeballharte kleine Faust, wie sie halt macht vor ihrem Körper, sich öffnet und dann mit den Fingerspitzen in den Oberarm stößt. Seine langen Fingernägel: Geh weg!"

Wenn ich von einer Frauenart spreche, wie der Vater die Mutter bedrängt, dann nur deshalb, weil das die Art ist, mit der Luisa einmal den Erzähler angeht: „Ihre dünnen, rosa Perlmuttnägel krallen sich schmerzhaft in meinen Arm. (...) Sie gräbt ihre Nägel tiefer in mein Muskelfleisch, unter ihrem Daumen pocht es, bevor sie mich mit einem Ruck, ohne Antwort, losläßt." Antwort auf die Frage, ob es wichtig sei, dass er sie möge. Nicht zu vergessen, dass auch er, der Erzähler-Sohn, wenngleich in

Verteidigungsmanier, sich an seinem Vater vergreift, nachdem der auf die Mutter losgegangen war. Dass er, der Jüngere, Stärkere, ihn mühelos töten könnte, mit einem Stück Seife etwa, war ihm schon öfter in den Sinn gekommen. –

Anders als die Hände der Männer und Luisas üben die Mutterhände keine Gewalt aus, sie suchen nach Halt, klammern sich fest. Dabei werden Hände wieder zu Beinen, Beine zu Händen, ein zeitweiliger Sprung zurück in der menschlichen Entwicklungsgeschichte. Von der Mutter angefasst zu werden, als erwachsener Sohn, ist eine Provokation, als würde eine doch als aufgelöst geglaubte Beziehung zum primären Liebesobjekt auf einmal wieder rückgängig gemacht: „Liebe. Raffgier. Sie faßt mich an." Der Ekel zielt ab auf die leibhaftige Präsenz der Mutter, ihre Körpermasse, aus der man selbst einmal geschlüpft ist. Jetzt, da dieser invasive Körper gleichsam aus den Fugen gerät, auseinander quillt, ein Körper, in dem die Krankheit sich eingenistet hat, gilt es dem Sohn, sich von ihm fernzuhalten, um nicht ‚angesteckt' zu werden.

Die Abwehrarbeit des Sohnes bringt es mit sich, die Mutter bei der Hand zu packen. Diese Hand, die, wenn die Mutter einen Anfall hat, durch die Luft fährt: „Ihre Hand wedelt endlos in der Luft, schlägt dann gegen den Küchenschrank, gegen die scharfe Plastikkante, zuerst so, daß es weh tut, dann nur noch schwach, daß es noch ein Schlag ist, aber kein Schmerz mehr. Sie haßt körperliche Schmerzen. Unglücklich, unglücklich, sagt sie und tätschelt nur noch mit der Handkante den Schrank." Also doch eine Art Gewalt, die da von der Hand der Mutter ausgeht? Man wird der Mutter nicht ein selbstverletzendes Verhalten unterstellen, denn sie fügt sich nicht mit Absicht Schmerzen zu.

Das Schlagen mit der Hand auf den Küchenschrank folgt einem nervösen Erregungsmuster, es wäre, nach den Worten des Philosophen, die gesteigerte hervortretende Erregungsform einer

Stimmung. Wäre es keine unkontrolliert affektive Leerhandlung, sondern ein bewusstes Abreagieren, könnte man sie in die Nähe des Boxens auf den Sack rücken. Was vom Vater als hysterisches Theater abqualifiziert wird, ist im Grunde Verzweiflung, ein Zustand, in dem das Lebensgefühl, wie der Philosoph sagt, aus den Fugen geraten ist. Jetzt, dem Sohn gegenüber, muss die Hand in Verwahrung genommen werden. Nicht, dass sie ausholte, um jemanden, den Sohn, treffen zu wollen. Keine Notiz von einer schlagenden Mutterhand. Hilflose, verzweifelte Hände dagegen, was soll sie mit ihnen anfangen? Die Fugen wischen und den Hintern des Sohnes begrapschen oder seine Brust.

„Ich nehme ihre Hand. Sie schlägt aus wie nach einer Fliege. Ich fasse sie trotzdem an. Oh, deine Hände, sagt sie plötzlich voller Mitleid. Wie sehen sie aus. Sie küßt sie. Sie küßt die Ausbuchtung. Ich fühle, wie es kribbelt. Der Knochen ist gesprungen, es tat eine Weile weh, dann habe ich es vergessen. Mein Gott, sagt Mutter. Sie legt ihre Hand auf meine Hand. Sie hat kleine weiße Wurstfinger. Mein Gott, sagt sie, was für Kinderfinger ich doch habe. Die Ringe bedecken fast das ganze erste Glied."

Hände der Mutter, Hände des Sohnes. Beim Boxen hat er sich die Hand verletzt, doch es ist ihm nicht wichtig, das Boxtraining steht ja im Dienste wider die Schmerzempfindlichkeit. Die Versehrtheit der Hand weckt in der Mutter ein Mitleidsgefühl, vielleicht Sorge, und das Auflegen ihrer Hand auf die des Sohnes eine entsprechende Geste, fern von jener „Raffgier", die der Sohn ihrem Berührungsdrang zuschreibt. Und dann der Blick auf den eigenen Handrücken, als entdecke sie plötzlich etwas, was ihr sonst verborgen geblieben ist: ihre Kinderfinger. Ein überraschendes Indiz ihrer Unzurechnungsfähigkeit, ihrer Lebensuntüchtigkeit. –

Mordgedanken treiben den Sohn-Erzähler um, sie richten sich gegen den Vater, nicht allein, weil der die Mutter im Garten malträtiert hat. Gegen die Mutter, die durch ihre ihn umfassende Leibhaftigkeit zu einer Bedrohung wird, zur Gefahr vor dem Inzest. Die Szene sieht ihn sich aus der Umklammerung der Mutter winden und „aus dem verschwitzten Laken" steigen. „Meine Erektion heiß und schmerzlich. Wo gehst du hin, fragt sie, bleib, öffnet die Augen aber nicht. Mir ist schlecht, sage ich." Erst, indem er mit beiden Armen draußen im Garten sich selber umfasst, versichert er sich der Grenzen des eigenen Körpers, und doch bleibt das Gefühl: „Ich wünschte, ich könnte mich erbrechen. Mich aus mich hinausbrechen." Die Panik, die ihn erfasst, die Mutter zu töten, wird sich legen. Es ist nicht sicher in dieser lückenhaften Erzählung mit den Lücken im Gedächtnisraum, ob es denn tatsächlich zu einem Beischlaf gekommen ist, und nicht sicher, wie viel Zeit verstrichen ist zwischen jenem Ereignis und dem Moment, als der Sohn die Mutter im Schuppen von der Decke hängen sieht. Es sei ihr sechster Versuch gewesen, heißt es.

Aus Sherwood Andersons Lehrerhänden

Ein fetter, kleiner, alter Mann geht nervös auf der brüchigen Veranda seines kleinen Hauses, außerhalb der Kleinstadt Winesburg, Ohio, am Rande einer Schlucht gelegen, auf und ab. Ein Randständiger, Isolierter, der schon seit zwanzig Jahren dort ansässig ist. Nur zu einem jungen Reporter, der ihm manchmal einen Besuch abstattet, hat er Vertrauen gefasst. Die Konfiguration der beiden Männer, des älteren mit Namen Wing Biddlebaum und des jüngeren George Willard richtet das Zentrum der

Kurzgeschichte aus, die als erste von dem amerikanischen Autor in die Reihe seiner Porträts aufgenommen und unter dem Titel *Hands* 1919 publiziert worden ist.

Die Hände des Älteren, der, wie sich später herausstellt, erst vierzig Jahre alt ist, die Hände figurieren als der Schlüssel seiner Verstörtheit in den Augen des Jüngeren. Zwar ist George Willard noch nicht in den Stand des Erzählers gehoben, doch ist er, bei seinem wachen Gespür und geduldiger Aufmerksamkeit, ein Anwärter auf diesen Posten. Dass etwas mit Biddlebaum nicht stimmt und dass es mit seinen Händen zu tun hat, entgeht ihm nicht, und dass sich dahinter eine Geschichte verberge, eine Lebensgeschichte, dessen ist er sich sicher. Der wissende Erzähler, der doch nicht alles weiß, wird ihn in seiner Vermutung bestätigen. –

Was ist nun das Eigenartige an diesen Händen? „Wing Biddlebaum talked much with his hands", heißt es, und weiter: „The slender expressive fingers, forever striving to conceal themselves in his pockets or behind his back, came forth and became the piston rods of his machinery of expression." Die Schlussfolgerung des Erzählers zu Beginn ist zugleich eine Vorankündigung: „The story of Wing Biddlebaum is a story of hands." Eine Geschichte also, eine Geschichte aber, deren Geheimnis noch etwas aufgeschoben wird, bis es zu einem kleinen Zwischenfall kommt, bei dem sich die Ahnung Willards verdichtet.

Die Hände als „piston rods of his machinery of expression" zu qualifizieren, besagt, dass sie sich vom Körper, seiner Leibhaftigkeit, als werkzeughaft abgelöst haben; die Hände sind, der Erscheinung nach, die Kolbenstangen selber, als habe man es hier mit einer Vorstufe zum Maschinenmenschen zu tun. Nicht umsonst hat der Autor seinem ersten Porträt eine kleine, alle versammelten Kurzgeschichten betreffende Einführung vorangestellt, die er mit *The Book of the Grotesque* überschrieben hat.

Was im Fall der Hände Biddlebaums den Effekt des Grotesken auslöst, ist einerseits ihr Maschinenartiges, darüber hinaus das vogelhafte Geflattere, das ihm seinen Vornamen eingebracht hat: Wing. Auch sein Familienname ist nicht echt; sein Träger hat ihn, wie gegen Ende des Porträts erwähnt wird, von einer Güterkiste in einer Frachtstation auf seinem Weg nach Winesburg abgelesen und angenommen. Wenn der Eigenname, wie der deutsche Schriftsteller und Übersetzer sagt, die Gemeinschaft des Menschen mit dem schöpferischen Wort Gottes bezeigt, dann ist, wer den Namen Wing Biddlebaum trägt, ein Ausgestoßener, Gefallener aus jeglicher Art von Gemeinschaft.

Die Hände Biddlebaums, wenn sie nicht in hyperkinetischer Unkontrolliertheit durch die Luft jagen, als seien sie vom Automatismus einer Maschine angetrieben, müssen verborgen werden, in den Hosentaschen, hinter dem Rücken, als hafte an ihnen ein Kainszeichen. „The hands alarmed their owner. He wanted to keep them hidden away and looked with amazement at the quiet inexpressive hands of other men who worked beside him in the fields, or passed, driving sleepy teams on country roads."

In einem Gespräch nun mit dem jungen Reporter, bei einem gemeinsamen Spaziergang, steigert sich Biddlebaum in eine visionäre Rede hinein. Er, der Jüngere, zerstöre sich nur selbst, wenn er die anderen in der Stadt zu imitieren trachte. Er habe die Neigung, alleine zu sein und zu träumen, doch habe er Angst vor seinen Träumen. Er müsse alles vergessen, was er gelernt habe und anfangen zu träumen. Dieses überschwängliche Plädoyer für das Träumen, man könnte auch sagen, für die Entfaltung des poetischen Sinns, bringt es mit sich, dass Biddlebaum einen Moment lang seine Hände vergisst und sie auf George Willards Schultern legt. Als er nach einer Pause in seiner leidenschaftlichen Rede den Jüngeren mit glühenden Augen ansieht, vermerkt der Erzähler: „Again he raised the hands to caress the boy and then a look of horror swept over his face." Dann, nach einer konvulsivischen Körperbewegung, verschwinden die Hände in den Hosentaschen, und Biddlebaum gibt nervös zu verstehen, dass er nicht weitersprechen könne und nach Hause gehen müsse.

Die Geschichte der Hände Biddlebaums ist eine Geschichte aus der Zeit, als er noch, mit bürgerlichem Namen, Adolph Myers war und in einer Stadt in Pennsylvania einer Tätigkeit als Lehrer nachging. Ausschließlich Jungen waren in seiner Obhut. Myers sei einer von den seltenen Männern gewesen, denen in der Regel wenig Verständnis entgegengebracht werde, so der Erzähler, „who rule by a power so gentle that it passes as a lovable weakness." Der Hang zur Träumerei facht zwar seine Rede vor den Schülern an, seine feinfühlige Pädagogik, die sich zum Ziel setzt, die jungen Menschen das Träumen zu lehren, sie in die Notwendigkeit des Phantasierens einzuweisen, bedarf aber der Hände, gleichsam als Überbringer des Phantastischen, als reiche die Stimme nicht aus, als genügten die Worte nicht. „In a way the voice and the hands, the stroking of the shoulders and then touching of the hair were a part of the schoolmaster's effort to carry a dream into the young minds. By the caress that was in his fingers he expressed himself."

Die Handauflegung, nicht Handanlegung, ist das letzte Glied eines Prozesses der Übertragung. Die Hände des Lehrers, Scharniere der Übertragung, ihr Fingerspitzengefühl, figurieren als Werkzeug des Begreifens, und zwar auf beiden Seiten. Der Lehrer begreift Köpfe und Schultern der Schüler, er rührt sie an mit seinem Geist, denn sein Geist *ist* die Form des Handausläufers seines Körpers. Die Schüler begreifen ihrerseits, nicht das, was die Hände des Lehrers ihnen ‚sagen', denn die Hände sprechen nicht. Sie begreifen das Gesagte in der Stimme des Lehrers über sein Begreifen, ihr Berührtwerden, es heißt nämlich: „Under the caress of his hands doubt and disbelief went out of the minds of the boys and they began also to dream."

Das Dilemma ist, dass auch bei nicht so klugen Schülern, denen, die selbst nicht begreifen, das Begreifen des Erwachsenen einen Effekt hinterlässt. Einer verliebt sich in den Lehrer; er (miss)versteht die Berührung als Liebesbezeugung, und des Nachts treibt sein Träumen ganz andere Blüten als die, welche der Lehrer sich erträumt hat. Es sind unaussprechliche Dinge, „unspeakable things", von denen der Junge dann aber in seiner Verwirrung erzählt, als sei das alles tatsächlich geschehen. Andere Jungen werden befragt, und sie bestätigen immerhin, dass der Lehrer sie berührt hat.

Der Verdacht des sexuellen Missbrauchs macht die Runde unter den Vätern, und sie zögern nicht, anstelle der sanften Hände des Lehrers ihre Fäuste ‚sprechen' zu lassen. Myers entgeht den Händen der Väter, die sich fest vorgenommen haben, ihn zu lynchen, verlässt Pennsylvania und fristet fortan als Wing Biddlebaum in Winesburg sein Dasein. Was geschehen ist, vermag er wiederum nicht zu begreifen: „Although he did not understand what had happened he felt that the hands must be to blame." –

Nun kann man dem jungen Myers vorwerfen, dass er reichlich naiv gewesen sei, unvorsichtig und besessen von seiner vagen Pädagogik des Traums. Der Text erteilt keine näheren Auskünfte darüber. Man könnte auch, wie manch ein Kritiker, mutmaßen, Myers sei ein Pädophiler oder er habe sich seine homoerotischen Neigungen nicht eingestanden und in der Folge nicht ausgelebt. Auch könnte man, wie in den amerikanischen *queer studies*, von der Polysemie des Wortes ‚touch', ähnlich dem deutschen ‚berühren', ausgehen und daran Strategien eines *paranoid reading* knüpfen, bezogen auf die kurzschlüssige Interpretation der Väter, die Myers, den sie gar nicht kennen, antizipatorisch des Kindesmissbrauchs bezichtigen.

Die Figur Myers/Biddlebaum legt, meiner Einschätzung nach, eine Deutung nicht nah, die ihn lediglich als Opfer einer paranoiden Fehlinterpretation sieht, so wenig wie es ausgemacht ist, er sei ein latent Homosexueller. Die Geschichte der Hände ist letztlich eine Geschichte, die noch nicht erzählt ist. Und der Charakter, das Porträt des ehemaligen Lehrers birgt noch viel Dunkles in sich.

Was die Geschichte *Hands* bietet, ist nur ein kurzer Blick in die eigentliche Geschichte, die noch zu erzählen wäre. Es obliegt dem Dichter, „the poet", der im Text aufgerufen wird, wenn es darum geht, Licht ins Dunkel zu bringen. Die Aufgabe des Dichters wäre es, die liebevolle Pädagogik des Mannes poetisch auszuformen. Es ist im Übrigen nicht so, dass Biddlebaums Hände in der Öffentlichkeit Winesburgs nicht wahrgenommen würden, im Gegenteil. Allerdings: „In Winesburg the hands had attracted attention merely because of their activity." Niemand würde sich dazu veranlasst sehen, in den Gesten und Tätigkeiten der Hände, die 140 Quart Erdbeeren am Tag pflücken können, wie in einem Traum zu lesen.

Die „hidden wonder story", die zu erzählen dem Dichter zufiele, kann nicht erzählt werden. Sie ist so verborgen wie die Hände selbst. Der Dichter figuriert eigens als ein Desiderat dieses Ungesagten. Und so stehen die *Hands* des Titels einerseits ein für ein Scheitern der pädagogischen Idee im Ausdruck, denn Myers versteht weder, was passiert ist, noch denkt er überhaupt mit den Händen, er zieht nur den bequemen, weil konformen, reumütigen Schluss, „that the hands must be to blame". Zum anderen ist in die *Hands* eine Leerstelle eingetragen, denn *Hands* sind mehr und anderes als nur Myers'/Biddlebaums „hands".

Hands verdecken die imaginierten Hände des apostrophierten Dichters. Hände, ihr Geschick und ihre Fehlleistung, müssten gestaltet werden durch die geistreichen Hände des Dichters. Und dieser müsste dem Schlag des romantischen Hieroglyphisten entstammen, er müsste einer Art magischem Idealismus folgen, der anders als der naive, unbedarfte von Myers das Fremde und das Vertraute, das Reale und das Ideelle miteinander zu verbinden wüsste. Der „poet" aber ist nur ein Vehikel der Lesbarkeit der Hände, die als möglich zwar vorgegeben, doch letztlich im Dienste der Kurzgeschichte nicht eingefordert wird. Und so bleibt von der Metapher des eigenständigen Buches, das die ganze Geschichte von Myers'/Biddlebaums Händen umfasst, nur ein flüchtiger Blick in die Geschichte, die nie aufgezeichnet worden ist.

Aus Simon Stephens' verlorenen Händen

In einer Einführung zu seinen Dramen hat der britische Bühnenautor vermerkt: „They are plays touched by a need for contact. The characters seem to be constantly trying to touch someone. Or reeling from that touch. Sometimes they disguise the need for contact externally by making other people drinks and food."

In dem Stück *Country Music*, das im Jahr 2004 uraufgeführt wurde, sind es Chips, Cola, Tequila, Bonbons, Tee und Zigaretten, welche Jamie, die Hauptfigur, den anderen anbietet. Das Verlangen nach Kontakt und das Bedürfnis, jemanden zu berühren wie auch das Scheitern, den Kontakt aufrechtzuerhalten oder zu vertiefen, ist konzentriert in der Form affektiv nervösen Sprechens. Wenn einem die Worte im Mund schon zerfallen sind wie modrige Pilze, dann hier. Und wenn niemand da ist zum Sprechen, ist es mitunter nötig, eine Situation zu erzeugen, die eine Möglichkeit dazu eröffnet. So bekennt Jamie gegenüber seiner fast erwachsenen Tochter, und er spricht dabei weniger zu ihr als zu sich selbst: „Sometimes I go out without a light for my cigarettes on purpose just so that I can ask somebody for a light. So that I can talk to them."

Country Music ist eine Art Stationendrama in vier Teilen, die sich über die Zeit von 1983 bis 2004 erstrecken. Dabei bekräftigen die genannten Zeit- und Ortsangaben eine Mikroperspektive, die man als realistisch kennzeichnen könnte: „Friday 15 July 1983, 2 a.m. A parked Ford Cortina in the car park of a service garage on the A 13 east of Thurrock." / „Tuesday 13 September 1994, 2.15 p.m. The visiting room of Her Majesty's Prison Grendon, Buckinghamshire." / „A Saturday afternoon, 15 May 2004, 5.30. A bedroom in a B & B, Durham Road, Sunderland." / „Thursday 14 July 1983, 5.30 p.m. Windmill Hill, Gravesend, Kent." – Der Autor selbst hat zwischen 2001 und 2003 im Rahmen eines Schreibprogramms mit männlichen Gefangenen in Strafvollzugsanstalten zusammengearbeitet. –

Die kyklische Anordnung wie die thematischen Schwerpunkte hat der Autor mit der Struktur und den Themen in der *country music* assoziiert: „The play and the musical form have much in common. They deal with similar themes of regret, self-abuse, violence and flight. They share simplicity of form." Auf den emotionalen Spannungswert zwischen Einfachheit und Knappheit, wie sie in einem solchen *song* zum Ausdruck komme, sei es ihm in seinem Stück gegangen, betont er. Dass die letzte Szene des Dramas chronologisch die erste ist, macht aus ihr ein Präludium *post festum*, ein Satyrspiel vor der Tragödie, die schon stattgefunden hat. –

Wollte man in einem Lebenslauf, der in dem Stück nicht erzählt, nur angedeutet wird, zusammenfassen, was Jamie widerfahren ist, wäre auf die folgenden biographischen Details zu verweisen: Er kommt aus einer Unterschicht-Patchwork-Familie, ist Opfer sexuellen Missbrauchs durch einen Lehrer, war in einem Erziehungsheim und hat einen Selbstmordversuch hinter sich. Mit achtzehn ertappt er einen Liebhaber bei seiner Mutter, schlägt ihn zusammen, bricht in ein Geschäft ein, wird tätlich gegen einen Verkäufer, stiehlt ein Auto und entführt ein Mädchen, Lynsey, seine Freundin, mit der er in Zukunft zusammenleben möchte. Es ist das Mädchen, das ihm, wie man beiläufig erfährt, bei seinem Versuch, sich zu erhängen, das Leben bewahrt hat.

Vier Jahre später wird Emma geboren, die gemeinsame Tochter. Nach der Gewalttat, der Entführung und dem Diebstahl hat Jamie für eine Zeit nach South Essex, in eine Strafanstalt müssen, für wie lange genau, geht aus den Dialogen nicht hervor. Mit vierundzwanzig muss er dann wegen Mordes an Ross Mack ins Gefängnis, für vierzehn Jahre. Als Matty, sein jüngerer Halbbruder, ihn im Knast besucht, gibt Jamie einen Grund an für seine Tat. Mack „was a proper nonce", ein Kinderficker also, der sich zuvor schon an ihm selbst vergriffen hatte. Und dann hatte er seinen um zehn Jahre jüngeren Halbbruder gesehen, just nachdem er aus der Anstalt entlassen worden war, „swanning round Stone Street with fucking Ross Mack, like you're his little fucking prime piece of pussy!"

Während seines Gefängnisaufenthalts ist Lynsey mit Emma und einem Mann, den sie kennengelernt hat, nach Sunderland fortgezogen. – Nach seiner Haftstrafe arbeitet Jamie in einer Garage in Acton, im Westen von London. Er ist neununddreißig Jahre alt. –

Alle vier Szenen zeigen Jamie bei seinen Versuchen, Kontakte zu anderen herzustellen, und ihr Misslingen. In der vierten, chronologisch ersten Szene ist er noch voller Zuversicht und Tatendrang, immerhin ist es auch ein „beautiful sunny day". Als Achtzehnjähriger gegenüber Lynsey spricht er von seinem Traum, einem Fluchttraum, zu zweit in einem großen Haus in

Southend an der Küste zu wohnen; vor der Gewalttat hat der Sehnsuchtsort noch Margate geheißen, wo alle zusammen wohnen sollten, neben der Freundin und ihm selber die Mutter, der Stiefvater und der Halbbruder. Die Reduktion auf die soziale Zweierzelle in der Vorstellung ist der Straffälligkeit geschuldet.

Als Lynsey ihm (in der ersten Szene) rät, sich der Polizei zu stellen, ist das ein Affront gegen Jamies von *Mad Max* und *Rambo* inspirierte Fluchtvorstellung. Und als sie ihm sagt, sie würde zurück in ihr Heim wollen, aus dem er sie entführt hat, droht er, sie zu schlagen. Der Wortwechsel, der sich entfaltet, bevor der Schlag ausgeführt wird – „Jamie hits her head with the ball of his open palm" – ist ein Beispiel für grundsätzlich leeres Reden, das dem Bemühen um ein Verstehen und Verständnis vollends enträt. Lynsey bekräftigt: „I'm going." Dann folgt die Ankündigung der Gewaltanwendung: „You want me to smack yer? Do yer? 'Cause I will." Überrascht fragt Lynsey zurück: „You what?" Jamie bekräftigt: „I'll smack yer face." Er sei gar nicht der harte Bursche, für den er sich halte und als der er sich ausgebe, entgegnet sie ihm: „Think yer the big man. Yer fucking not. Yer fucking just –". Um das, was diesem „just" folgen könnte, nicht hören zu müssen, setzt es den Hieb.

Jamies Schlag folgt als Einspruch da, wo ihm kein Sprechen mehr möglich erscheint. Ein sprachlich argumentatives Verteidigen steht ihm ohnehin nicht zu Gebote. Der Schlag ist freilich ein Eingeständnis seiner Schwäche, die er sich selbst gegenüber nicht eingestehen kann. Er füllt die Lücke des Satzes aus. „Yer fucking just –". Jamie wird sich dafür entschuldigen, dass er Lynsey wehgetan hat, er streichelt ihr Haar, weicht aber von seiner naiv abenteuerlichen Fluchtvorstellung nicht ab. „You're not thinking", sagt sie zu ihm, und er erwidert beflissen: „I am so thinking. I am thinking like, like, like, like."

Wenn das so geartete Denken auf einen Vergleichszwang regrediert und der gesuchte Wert figurativ nicht mehr besetzt werden kann, die Phantasie verkümmert, durch mediale Vorgaben (*Rambo*, *Mad Max*) gesteuert ist, dann hat das unmittelbare Auswirkungen auf die motorische Aktivität, deren Träger die Hand ist. Jamies Hand steht nicht im Dienst der Sprache als einer schriftlichen Ausgestaltung des Denkens; Jamie schreibt nicht, oder vielmehr: er gibt sich einem scheinbar sinnentleerten Schreiben hin, wenn er seit Jahren schon während seines Gefängnisaufenthaltes den Seewetterbericht („shipping forecast") aus dem Radio, das gesprochene Wort, niederschreibt in sein „notebook" mit „several different coloured pencils". Warum er das macht, weiß er nicht. Ich vermute aber, dass bei dieser nicht kreativen Übertragung von Lautsymbolen in ein graphisches System noch ein Relikt überlebt hat jener neurologischen Verbindung von Sprache und Hand. Besänftigung der Hand, Beschäftigung der Hand, bei der man sonst nicht weiß, wohin damit. Eine kleine Hand-Therapie, in disziplinierter Wiederholung, mit dem Ziel, eventuelle gewaltsame Ausbrüche einzudämmen. Überdies weckt die See Erinnerungen an frühere Sehnsüchte, die Vorstellung vom Leben an der Küste.

Ein produktives Schreiben bleibt Jamie verwehrt. Zu Emma, seiner Tochter, die er seit über zehn Jahren nicht gesehen hat, sagt er: „I wanted to write you. But that was a bit – ." Eine Leerstelle, erneut. Da das Sprechen schon so schwer fällt, ein Sprechen, das nicht bloß Ausdruck individueller Reizzustände ist, wie sollte dann eine schriftlich symbolische Abstraktion möglich sein? –

Jamies Hand. Ich habe erwähnt, dass Jamie Lynsey geschlagen hat; er hat einen Mann umgebracht, zwei weitere, den Liebhaber seiner Mutter und einen Verkäufer, schwer verletzt. In der verhassten Schule hat er sich mit anderen Kindern geprügelt.

Nicht um strafrechtliche Fragestellungen geht es mir, oder um Konfliktlösungsstrategien hinsichtlich zunehmender Fälle von Jugendkriminalität. Dazu liegen diskussionswürdige Erfahrungswerte in Buchform aus der Mitte der Strafjustiz selber vor. Auch andere Fallbeispiele finden hier nicht mein Interesse, mögen die nicht zu bändigenden Protagonisten nun Marco oder Kevin heißen.

Mir ist es um die Figuration Jamie zu tun. Und in der zweiten Szene von *Country Music*, die im Gefängnis spielt, besucht Matty seinen älteren Halbbruder. Er hat ihm einen Brief geschrieben, und Jamie bestätigt, dass das gut gewesen sei. Matty ist eigentlich im Auftrag Lynseys gekommen, um Jamie klar zu machen, dass sie selbst ihn nicht sehen wollte und auch nicht wünschte, dass ihre Tochter ihn träfe. Einleitend fragt Jamie nach Mattys eigenem Befinden. Sobald die Rede auf Mutter und Tochter kommt, beginnt er „chewing on the nail of his right thumb as he talks". Die emotionale Betroffenheit, eine Verlustangst, bindet die verhinderte sprachliche Aktivität an eine regressive, infantile motorische Aktivität der Hand. Als müsste er einen Teil seiner Hand, den Daumen, stellvertretend für die ganze Hand, schützen vor einer gewaltsamen Geste, als müsste er sich im Zaum halten gegen den aufkommenden Schmerz.

Dann muss er hören, was er schon befürchtet hat: Lynsey hat einen anderen Mann kennengelernt und ist mit ihm und Emma fortgezogen. Jamie vermittelt fortan den Eindruck, Matty habe etwas dagegen unternehmen können, sei aber untätig geblieben. Was nach einer Pause folgt, Reflex des Gefühls, verlassen worden zu sein, ist die Vorhaltung, er, Jamie, sitze seines Halbbruders wegen im Knast, er habe ihn beschützen wollen. Matty widerspricht zwar – „You didn't need to do what you did", „You can't blame me" –, gleichwohl behauptet er, als sei das doch wie ein kleines Schuldeingeständnis, um den anderen milde zu stimmen: „I think about you all the time."

Nach einer weiteren Pause verlangt Jamie, Matty solle seine Hand schütteln: „Shake my hand." Und dann noch einmal: „Here. Matt. Shake my hand. Shake my hand, Matt." Nach einigem Zögern folgt dieser der Aufforderung. „Jamie holds Matty's hand longer and tighter than Matty wants him to." Es ist, als ob alles, was Matty unter dem Händedruck sagt, jetzt einem Schwur gleichkäme: was einer sagt, während ihm die Hand von einem anderen gedrückt wird, kann keine Lüge sein. Garantiert ist das freilich nicht, denn das Ineinander der Hände beruht auf einem Zwang, als ob eben der andere einen gleichsam in der Hand hätte. Was sagt man da nicht alles. Was Jamie wissen will: ob er, Matty, nur gekommen sei, um ihm auszurichten, was Lynsey ihm aufgetragen hat. Matty verneint natürlich, und „Jamie strokes Matty's held hand with his free hand."

Nach einer längeren Pause erzählt Jamie von einem Vorkommnis aus der ersten Anstalt, in der er eingesessen hat. Es ist die längste zusammenhängende Rede des ganzen Stücks. Im Text nimmt sie gerade einmal zwanzig Zeilen in Anspruch. Jamie erzählt, wie von einer Frau angeführte Gefängniswärter einem Jungen die Hand gebrochen haben und trotz dessen reumütiger Entschuldigungen die Kollegen dazu ermuntert worden seien, ihm auch noch den Arm zu brechen. Nach einer erneuten Sprechpause bekennt Jamie, dass es ihm genüge, ihn, Matty, zu sehen, und erst darauf lässt er seine Hand wieder los. Es ist, als ob er zum einen sich über den Händedruck der Wichtigkeit einer funktionsfähigen Hand vergewisserte, die bei dem Jungen, von dem er erzählt, zerstört worden ist. Zum anderen scheint es, als könnte Jamie erst und ausschließlich über die Hand begreifen, welchen Wert Matty ihm beimisst, ihn für sich begreifen, indem er ihn im Griff hat wie jene Gefängniswärter aus der Erzählung den Jungen.

Die beiden Halbbrüder sprechen dann noch über die Mutter, die wirres Zeug redet, den nutzlosen Vater und die mögliche Verlagerung in eine andere Haftanstalt, wo tagsüber ein Ausgang erlaubt ist. Weder Vater noch Mutter werden ihren Sohn besuchen. Am Ende der Szene berührt Jamie Mattys Gesicht mit seiner Hand. –

(Ich will nicht unerwähnt lassen, dass ich eine deutschsprachige Aufführung des Stücks habe sehen können. Die Bedeutsamkeit der Hand und der Hände in der zweiten Szene wurde mit Hilfe einer Videoinstallation unterstrichen. Während Matty und Jamie einander am Tisch gegenüber sitzen, sieht man rechts über ihnen sechs Bildschirme, als Überwachungskameras, auf denen nur die Hände der beiden, ihre Bewegungen, in laufenden Bildsequenzen festgehalten sind. Auch wenn die Videoausstattung in den Regieanweisungen nicht vorgesehen ist, glaube ich, dass die Vorstellungen des Bühnenautors ihren Einsatz rechtfertigen.) –

In der dritten Szene hat sich Jamie, sechs Monate nach seiner Entlassung, in einem B&B-Hotel in Sunderland einquartiert, dem Ort, wo Emma mit ihrer Mutter und deren Lebensgefährten wohnt. Seine Tochter, inzwischen siebzehn Jahre alt, hat Jamie angerufen, sie ist seiner Bitte, ihn zu besuchen, nachgekommen, ohne dass Lynsey davon wüsste. Sie will ihm etwas sagen, aus eigenem Antrieb, nicht im Auftrag ihrer Mutter, aber sie ist sich nicht sicher, ob sie es tatsächlich sagen soll.

Dann Reden über die Arbeit beim Zahnarzt und Onkel Matty, der einen Job in der Baubranche gefunden hat und verheiratet ist. Jamie sucht im Folgenden über Erinnerungen eine Nähe zu seiner Tochter herzustellen, denn Erinnerungen, die sie teilt, sind das Einzige, was die beiden verbindet. Nachdem er Emma beschworen hat, sie müsse sich doch daran erinnern, als kleines Kind einmal mit im Gefängnis gewesen zu sein, fühlt sie sich bedrängt, und wenig später sagt sie, was sie zu sagen sich vorgenommen hatte: „You're not my dad. That's what I wanted to tell you. Not any more." Und nach einer Pause: „I've got a dad. It's not you." Dann fragt sie Jamie nach dem Mord, der ihr schließlich in ihm den Vater geraubt hat. Sie möchte wissen, wie es ihm dabei ergangen sei. Er kann nicht antworten, stattdessen eine Handbewegung: „Raises his hand as if to touch her, even from a distance away. Can't. Lowers it again. Turns away." Nein, Emma ist für ihn nicht erreichbar, unfassbar verloren, und es nimmt nicht wunder, dass Jamie erwähnt, er habe bei seiner Entlassung sich nicht gleich bewegen können: „Just stood there. Couldn't move. Couldn't move my legs." Die ganze Welt, das Draußen, ist nicht zu fassen. –

Jamie bittet seine Tochter um Vergebung. Sie weiß nicht, ob sie ihm vergeben kann. Jeden Tag habe er sie sehen wollen, so viele Dinge habe er für sie tun wollen. Hier variiert die dritte Szene den Wortwechsel zwischen Jamie und Matty in der zweiten. Was er angeblich für seinen Halbbruder getan hat und für seine Tochter nicht hat tun können, führt bei beiden Betroffenen zu gleichlautenden Antworten. „That's not my fault", sagt Emma und fügt hinzu, dass Jamies Absichtserklärungen, für sie zu sorgen, keine Bedeutung hätten. Der Satz „That doesn't mean anything" durchkreuzt seine Vorstellungen, ihr noch in irgendeiner Weise ein Vater sein zu können. Der Satz gilt ebenso für ein Rollenverständnis des großen Bruders wie das vom starken Beschützer und Mann an der Seite einer Frau.

So wie Jamie in der zweiten Szene die Hand Mattys ergriffen und gehalten hat, so sagt er jetzt, da er es nicht wagt, sie zu berühren – mehrmals während des Besuchs hat er seine Hände hinter dem Nacken verschränkt –, zu Emma: „I want to hold your soul. In my hands. Cup it." Klar, dass Emma das nicht versteht. Das fassen, was nicht zu begreifen ist. Als seine Tochter den Raum verlassen hat, setzt Jamie sich an den Tisch. Er versucht, ihn umzustürzen, vergeblich. Dann starrt er ihn an. Der Tisch aber hat keine Seele.

Literaturverzeichnis

Adorno, Theodor W.: Ästhetische Theorie. Hg. von Gretel Adorno und Rolf Tiedemann. Frankfurt a. M. 1981.

Adorno, Theodor W.: Minima Moralia. Reflexionen aus dem beschädigten Leben. Frankfurt a. M. 1979.

Adorno, Theodor W.: Rückblickend auf den Surrealismus. In: Th.W. A.: Noten zur Literatur. Frankfurt a. M. 1981. S. 101–105.

Anderson, Sherwood: Winesburg, Ohio. New York 2002.

Bachmann, Ingeborg: Werke. Erster Band, hg. von Christine Koschel, Inge von Weidenbaum und Clemens Münster. München 1978.

Bachmann, Ingeborg/Celan, Paul: Herzzeit. Der Briefwechsel, hg. von Bertrand Badiou, Hans Höller, Andrea Stoll und Barbara Wiedemann. Frankfurt a. M. 2008.

Barthes, Roland: Les surréalistes ont manqué le corps. In: R. B.: Œuvres complètes, tome IV, nouvelle édition revue par Éric Marty. Paris 2002. S. 911–913.

Bennett, Andrew: Keats, Narrative and Audience. The Posthumous Life of Writing. Cambridge 1994.

Benjamin, Walter: Gesammelte Schriften, Bde. 1/2; 2/1, hg. von R. Tiedemann und H. Schweppenhäuser. Frankfurt a. M. 1974 u. 1977.

Blumenberg, Hans: Die Lesbarkeit der Welt. Frankfurt a. M. 1986.

Blumenberg, Hans: Die Vollzähligkeit der Sterne. Frankfurt a. M. 2000.

Bollack, Jean: Ingeborg. In: J. B.: Dichtung wider Dichtung. Paul Celan und die Literatur. Göttingen 2006. S. 337–376.

Bollnow, Otto Friedrich: Schriften, Bd. I. Das Wesen der Stimmungen. Würzburg 2009.

Bonn, Klaus: Kammerspiele. Zu Ettore Scola und Adalbert Stifter. In: K. B.: Replika. Lektüren verbaler Halluzination. Bielefeld 2006. S. 42–54.

Bonn, Klaus: Mutter, Dämmer. Ein Versuch. Egelsbach u. a. 1999.

Breton, André: Nadja. Édition entièrement revue par l'auteur. Paris 1981.

Breton, André: Poisson soluble. Édition de Marguerite Bonnet. Paris 2005.

Brim, Matt: Teaching the Touching Text; or How to Lay ‚Hands' on Your Students. In: The Hand of the Interpreter. Essays on Meaning after Theory, ed. by G. F. Mitrano and Eric Jarosinski. Bern u. a. 2009. S. 135–152.

Bulwer; John: Chirologia. Or the Natural Language of the Hand. Kessinger Publishing's Rare Reprints. Montana 2003.

Carus, Carl Gustav: Symbolik der menschlichen Gestalt: Ein Handbuch zur Menschenkenntniß. 2. Aufl. Leipzig 1858.

Celan, Paul: Gesammelte Werke in sieben Bänden, Bd. I, hg. von Beda Allemann und Stefan Reichert. Frankfurt a. M. 2000.

Crane, Hart: The Complete Poems, ed. by Marc Simon. New York/London 2001.

Das Mädchen ohne Hände. In: Kinder- und Hausmärchen, gesammelt durch die Brüder Grimm, Erster Teil. Frankfurt a. M. 1974. S. 198–205.

Deleuze, Gilles/Guattari, Félix: Mille Plateaux. Capitalisme et Schizophrénie 2. Paris 1980.

Dickinson, Emily: Final Harvest. Emily Dickinson's Poems, ed. by Thomas H. Johnson. Boston/New York/London 1963.

Dictionnaire des Sciences Occultes et des Idées Superstitieuses. Tome second. Par J.-A.-S. Collin de Plancy. Paris 1848.

Emerson, Ralph Waldo: Nature and Selected Essays, ed. by Larzer Ziff. New York 2003.

Falcones, Ildefonso: La mano de Fátima. Barcelona 2009.

Focillon, Henri: Éloge de la main. In: H. F.: Vie des formes, suivi de Éloge de la main. Paris 1981. S. 101–128.

Franck, Julia: Die Mittagsfrau. Frankfurt a. M. 2007.

Freud, Sigmund: Studienausgabe, Bde. IV und V, hg. von A. Mitscherlich, A. Richards und J. Strachey. Frankfurt a. M. 2000.

Goethe, Johann Wolfgang von: Sämtliche Werke nach Epochen seines Schaffens. Münchner Ausgabe, hg. von Karl Richter. Bd. 11: Divan-Jahre 1814–1819. München 2002.

Hauff, Wilhelm: Die Geschichte von der abgehauenen Hand. In: W. H.: Sämtliche Märchen, hg. von Hans-Hajo Ewers. Stuttgart 2002. S. 41–55.

Heidegger, Martin: Die Sprache im Gedicht. In: M. H.: Unterwegs zur Sprache. Pfullingen 1959. S. 35–82.

Heisig, Kirsten: Das Ende der Geduld. Konsequent gegen jugendliche Gewalttäter. Freiburg i. B. 2010.

Hertz, Robert: La prééminence de la main droite. Étude sur la polarité religieuse. In: R. H.: Sociologie religieuse et folklore. Paris 1970. S. 88–101.

Hiner, Susan: Hand Writing: dismembering and re–membering in Nodier, Nerval and Maupassant. In: Nineteenth Century French Studies, vol. 30, no. 3/4. University of Nebraska Press 2002. S. 301–315.

Hoving, Kirsten A.: „Blond Hands over the Magic Fountain": Photography in Surrealism's Grip. In: Speaking with Hands: Photographs from The Buhl Collection. The Solomon R. Guggenheim Foundation. New York 2004. S. 93–113.

Keats, John: Poems, ed. by Gerald Bullett. London 1977.

Kohlenberg, Kerstin: Der Fluch der Bewährung. In: Die Zeit, Nr. 28 (08. Juli 2010).

Létourneau, Isabelle: La main humaine. Lieu de manifestation et condition d'actualisation. In: Sagesse du corps, dir. Gabor Csepregi, Éditions du Scribe. Aylmer 2001. S. 174–191.

Leroi-Gourhan, André: Le geste et la parole. Paris 1965.

Lynch, Marta: Los dedos de la mano. Buenos Aires 1976.

Matt, Peter von: ... fertig ist das Angesicht. Zur Literaturgeschichte des menschlichen Gesichts. Frankfurt a. M. 1989.

Maupassant, Guy de: Contes du jour et de la nuit. Édition de Pierre Reboul. Paris 1984.

Middlebrook, Diane Wood: Anne Sexton – A Biography. New York 1992.

Mora, Terézia: Die Lücke. In: T. M.: Seltsame Materie. Erzählungen. Reinbek 1999. S. 72–112.

Morris, Desmond: Body Guards. Protective Amulets and Charms. Shaftesbury 1999.

Nancy, Jean-Luc: Corpus. Édition revue et complétée. Paris 2006.

Nancy, Jean-Luc: Noli me tangere. Essai sur la levée du corps. Paris 2003.

Ottlik, Géza: Az Iskola a Határon. Budapest 1959 [dt. Die Schule an der Grenze. Aus dem Ungarischen von Charlotte Ujlaky. Frankfurt a. M. 2009].

Pasewalck, Silke: „Die fünffingrige Hand". Die Bedeutung der sinnlichen Wahrnehmung beim späten Rilke. Berlin 2002.

Pérez, Rafael García: ¿Adónde nos conducen las líneas de las manos? Las manos como metonimia en *Les Vies encloses* de Georges Rodenbach. In: Revista de estudios literarios. Facultad de Ciencias de la Información Universidad Complutense de Madrid. No. 42, julio–octubre 2009.

Powell, Kristen H.: Hands – On Surrealism. In: Art History 20/4, Blackwell Publishing 1997. S. 516–533.

Reboul, Yves: Jeanne-Marie la sorcière. In: Rimbaud 1891–1991. Actes du colloque de Marseille, nov. 1991. Champion 1994. S. 39–51.

Rilke, Rainer Maria: Werke, Bde. II und VI, hg. vom Rilke-Archiv. Frankfurt a. M. 1980.

Rimbaud, Arthur: Poésies, ed. par Daniel Leuwers. Paris 1972.

Rodenbach, Georges: L'Arbre. Bruxelles 2000.

Rodenbach, Georges: Bruges-la-Morte. Présentation par Jean-Pierre Bertrand et Daniel Grojnowski. Paris 1998.

Rodenbach, Georges: Le Carillonneur. Bruxelles 2000.

Rodenbach, Georges: Les Vies encloses. Paris 2009.

Rougemont, Denis: Penser avec les mains. Nouvelle édition. Paris 1972.

Rowe, Katherine: Dead Hands. Fictions of Agency, Renaissance to Modern. Stanford University Press 2000.

Rugoff, Ralph: The Telltale Hand. In: Speaking with Hands: Photographs from The Buhl Collection. The Solomon R. Guggenheim Foundation. New York 2004. S. 153–168.

Schestag, Thomas: Lampen. In: Übersetzen: Walter Benjamin, hg. von L. Hart Nibbrig. Frankfurt a. M. 2001. S. 38–79.

Sedgwick, Eve Kosofsky: Touching Feeling. Affect, Pedagogy, Performativity. Duke University Press 2003.

Stephens, Simon: Plays: 2. One Minute, Country Music, Motortown, Pornography, Sea Wall. With an introduction by the author. London 2009.

Stifter, Adalbert: Der Kondor. In: A. S.: Gesammelte Werke, Bd. I, hg. von Dietmar Grieser. München 1982. S. 17–41.

Strauß, Botho: Niemand anderes. München/Wien 1987.

Strauß, Botho: Paare, Passanten. München/Wien 1981.

Strauß, Botho: Vom Aufenthalt. München 2009.

Szép, Ernő: Ádámcsutka. Budapest 1935.

Sexton, Anne: The Complete Poems, ed. by Linda Gray Sexton. New York 1999.

Tandori, Dezső: A Semmi Kéz. Budapest 1996.

Thoreau, Henry David: Walden. London 2004.

Trakl, Georg: Das dichterische Werk. Auf Grund der HKA von Walter Killy und Hans Szklenar. München 1972.

Updike, John: Twisted Apples. In: J. U.: Odd Jobs. Essays and Criticism. New York 1991. S. 302–305.

Valéry, Paul: Discours aux chirurgiens. In: P. V.: Œuvres, tome 1. Paris 1957. S. 918 f.

Wilson, Frank R.: The Hand. How its use shapes the brain, language, and human culture. New York 1998.